JIANGGUSHI

讲故事

主编 叶先堂 韩 艳

郑州大学出版社

郑州

图书在版编目(CIP)数据

讲故事／叶先堂,韩艳主编. ——郑州：郑州大学出版社,2018.11

ISBN 978-7-5645-3690-9

Ⅰ.①讲… Ⅱ.①叶… ②韩… Ⅲ.①故事课-学前教育-教学参考资料 Ⅳ.①G613.3

中国版本图书馆 CIP 数据核字(2018)第 252677 号

郑州大学出版社出版发行	
郑州市大学路 40 号	邮政编码:450052
出版人:张功员	发行部电话:0371-66966070
全国新华书店经销	
河南安泰彩印有限公司印制	
开本:787mm×1092mm　1/16	
印张:9.5	
字数:210 千字	
版次:2018 年 11 月第 1 版	印次:2018 年 11 月第 1 次印刷

书号:ISBN 978-7-5645-3690-9　　　　　定价:29.00 元

本书如有印装质量问题,由本社负责调换

作者名单

主　编　叶先堂　韩　艳

副主编　陈红萍　杨晶晶　汪　玥

前 言

　　为幼教专业的学生们编一个故事选本,是我们长久以来的愿望。对于这些将来有可能在孩子们纯洁的心灵上,涂抹第一笔色彩的幼师生,他们对故事的感悟、解读或讲述,都可以说是至关重要的。故事里有历史,有智慧,有寄托与幻想,有道理与情感。有人说,童年听到和读到的故事,将决定他日后成为一个什么样的人。故事,是一个人心智成长的摇篮,能满足人们对美好人生的向往,同时,还能带给人们某些人生哲理的感悟或启迪。幼儿最爱听故事。故事,是幼儿了解大千世界的一个奇妙的窗口,是启发幼儿思维、培养幼儿想象力的一个重要途径,还是帮助幼儿学习语言的一个有效手段。

　　幼儿师范学校开设讲故事这门课程,旨在培养幼师生对语言文字的兴趣、爱好,提高口语表达能力,增长知识、丰富课余文化生活,为胜任今后的幼儿教学工作奠定基础。通过听和讲,可以帮助学生养成专心听讲的习惯,还能拓展思维、发挥想象,培养良好的语言组织能力和语言表达能力;通过听和讲,可以扩大学生的知识面,锻炼学生的胆量,增强学生的自信心。

　　学习语言文字,无外乎听、说、读、写的训练,而讲故事这门课程,主要是运用听、读和说,实在是一项综合性的语文训练形式。讲故事的最高境界,莫过于声情并茂,绘声绘色,使人如临其境,如闻其声,如见其形。要做到如此,首先要基于对故事内容的理解与感悟,其次就是对语气语调各种朗读与讲述技巧的灵活运用,再次就是清晰的口齿,良好的语音面貌。所以,想把故事讲得活灵活现,栩栩如生,实在不是一件容易的事。

　　为了适应国家大力发展学前教育的实际需要,培养合格加特长的幼师毕业生,针对学前教育对于教师综合素质要求的实际,和当前幼儿师范学校语言教学的实际,我们组织编写了这本《讲故事》教材。本教材着重于讲故事的方法指导,尤其侧重选编经典故事。故事按类编排,配以插图,使得图文并茂;每则故事后边附有"讲读提示",或着眼于思想启迪,或从讲读技巧方面予以点拨。长久以来,故事承载着说教的功能,这也在一定程度上妨害了故事的趣味性;同时,对故事寓意的解读,从来就不应该有标准或唯一的说法。无论是作为讲述者还是聆听者,我们都应该知道,故事是生活的折射或者缩影,是文化传统及文化心理的传承方式。

> 讲故事

本教材由叶先堂、韩艳主持编写,陈红萍、杨晶晶、汪玥参与了部分内容的编写。

本教材在编写过程中,借鉴了部分专家学者的资料,在此特别致谢!

由于编者水平有限,不足之处在所难免,恳望读者批评指正!

编　者

2018 年 10 月 10 日

目 录

第一编　学会讲故事

第一章　怎样讲故事 ······ 3
第一节　讲故事的准备 ······ 4
一、反复研读，熟悉内容 ······ 4
二、理解主题，明确目标 ······ 4
三、看清对象，选择方式 ······ 4
四、适当加工，力求生动 ······ 4

第二节　讲故事的要求 ······ 5
一、情节曲折，结构完整 ······ 5
二、形象鲜明，关系清晰 ······ 5
三、"话""表"兼用，声情并茂 ······ 5

第三节　讲故事的技巧 ······ 6
一、开讲的技巧 ······ 6
二、收尾的技巧 ······ 6
三、"话"与"表"的技巧 ······ 7
四、其他技巧 ······ 8

第四节　怎样讲幼儿故事 ······ 9
一、选择故事 ······ 9
二、运用儿童化语言 ······ 10
三、对故事进行再创造 ······ 10
四、塑造角色形象 ······ 11
五、形成语言风格 ······ 12
六、给幼儿讲故事的几种技巧 ······ 13

第二章　如何学习讲故事 ······ 15
一、勤读书，多积累 ······ 15
二、借鉴别人的好方法 ······ 15
三、勤练习，多实践 ······ 15

第二编　故事选编

第一章　神话故事 19
　　一、女娲补天 19
　　二、精卫填海 20
　　三、夸父逐日 21
　　四、后羿射日 23
　　五、古希腊人的木马计 24
　　六、盗火的普罗米修斯 26
　　七、神农尝百草 27
　　八、仓颉造字 29
　　九、盘古开天辟地 31
　　十、女娲造人 32
　　十一、十二门徒 34
　　十二、失控的太阳金车 35

第二章　童话故事 36
　　一、金色的房子 36
　　二、萝卜回来了 37
　　三、粗心的邮递员 39
　　四、桃树下的小白兔 40
　　五、小羊和狼 41
　　六、鼠妈妈的生日礼物 43
　　七、小象转学 44
　　八、小猪盖房子 45
　　九、大象滑梯过生日 46
　　十、迷路的小鸭子 47
　　十一、聪明的乌龟 48
　　十二、萤火虫找朋友 50

第三章　寓言故事 51
　　一、陶罐和铁罐 51
　　二、大鱼和小鱼 52
　　三、狐狸和仙鹤 53
　　四、小男孩和钉子 54
　　五、鹰和鸡 54
　　六、葡萄园里的珍宝 55

七、三个小金人 ··· 56
八、北风和太阳 ··· 57
九、青蛙和大雁 ··· 58
十、空花盆 ··· 58
十一、鼹鼠的本领 ··· 59
十二、兔子换牙 ··· 60

第四章　民间故事 ··· 61
一、阿诗玛 ··· 61
二、大禹治水 ··· 64
三、七仙女和董永 ··· 65
四、花木兰从军 ··· 67
五、牛郎织女的故事 ··· 68
六、梁山伯与祝英台 ··· 70
七、孔雀公主 ··· 73
八、宝莲灯 ··· 75
九、猎人海力布 ··· 77
十、崂山道士 ··· 79
十一、鲁班的故事 ··· 81
十二、金斧头、银斧头和铁斧头 ································· 82

第五章　成语故事 ··· 84
一、闻鸡起舞 ··· 84
二、守株待兔 ··· 84
三、孟母三迁 ··· 85
四、削足适履 ··· 87
五、卧薪尝胆 ··· 87
六、饮鸩止渴 ··· 89
七、破釜沉舟 ··· 89
八、邯郸学步 ··· 90
九、井底之蛙 ··· 91
十、走马观花 ··· 92
十一、刻舟求剑 ··· 93
十二、愚公移山 ··· 93
十三、亡羊补牢 ··· 94

第六章　历史人物故事 ··· 96
一、孔子的故事 ··· 96
二、韩信忍辱 ··· 98

三、苏武牧羊 99
四、刘备三顾茅庐的故事 101
五、岳飞精忠报国 102
六、一片丹心照汗青的文天祥 104
七、铁杵磨针成就诗人李白 106
八、爱国诗人屈原 107
九、不为五斗米折腰的陶渊明 108
十、烈火烧不了真理——布鲁诺 109
十一、哥伦布发现新大陆 110
十二、达尔文与进化论 112

第七章 生活故事 115
一、纪昌学射箭 115
二、勤学苦练的王羲之 115
三、捡砖添瓦的俞敏洪 118
四、马云坚持梦想终获成功 120
五、奇迹的海伦 123
六、善于调整心态的乔丹 125
七、"发明大王"爱迪生的秘诀 127
八、孔融让梨 129
九、陶行知四块糖的故事 130
十、卢梭的忏悔 131
十一、诚实的华盛顿 132
十二、全心作画得以成功的达·芬奇 133
十三、六尺巷的故事 135

第八章 益智故事 136
一、晏子使楚 136
二、曹冲称象 137
三、司马光砸缸 138
四、螳螂捕蝉,黄雀在后 139
五、伤仲永 140
六、米老鼠的由来 141

第一编　学会讲故事

第一章 怎样讲故事

故事,是通过生动、曲折而完整的情节,通俗而形象的语言来反映社会生活的一种文学形式。

讲故事,是用通俗易懂的口语,把故事材料描述给别人听。它是口语的一种独白形式,是一种常见的文化活动,是语言训练的一种方式,也是教师口语中必须具备的一种口语能力。

故事的种类有很多,从内容来看,有生活故事、民间故事、历史故事、科学故事、爱情故事、战斗故事、侦探故事、动物故事、益智故事等;从体裁来看,有神话故事、寓言故事、传说故事、童话故事等;从作者来看,有民间故事、创作故事;从表现形式来看,有文字故事和图画故事等;从听众来看,有成人故事、儿童故事、幼儿故事……

如童话故事《猴子吃西瓜》:

猴王找到了一个大西瓜,可是,怎么吃呢?这个猴啊,是从来也没有吃过西瓜。忽然,他想出了一条妙计,于是,把所有的猴都召集来了。

他清了清嗓子说:"今天,我找到了一个大西瓜。至于这西瓜的吃法嘛,我当然……当然是知道的。不过,我要考验一下大伙的智慧,看看谁能说出这西瓜的吃法。如果说对了,我可以多赏他一块。如果说错了,我可要惩罚他!"

大伙儿你看看我,我看看你,谁也没有吃过西瓜。

小毛猴眨巴眨巴眼睛,挠了挠腮说:"我知道,吃西瓜是吃瓤!"

"不对!小毛猴说得不对!"秃尾巴猴跳了起来:"我小的时候跟我妈去姥姥家,吃过甜瓜,吃甜瓜就是吃皮。我想,这甜瓜也是瓜,西瓜也是瓜,吃西瓜嘛,当然也是吃皮喽。"

这时候,大伙争执起来,有的说:"吃西瓜吃皮!"有的说:"吃西瓜吃瓤!"可争了半天,也没争出个结果,于是都不由得把目光集中到一个老猴的身上……

这老猴认为出头露面的机会来了,他捋了捋胡子,打扫了一下嗓子说:"这吃西瓜嘛,当然……当然是吃皮喽。我从小就爱吃西瓜,而且……而且一直都是吃皮的。我想,我之所以老而不死,就是因为吃了这西瓜皮的缘故……"

大伙都欢呼起来:"对!吃西瓜吃皮!""吃西瓜吃皮!"……

猴王认为找到了正确答案,他站起身来,上前一步,开言道:"对!大伙儿说得对!吃西瓜是吃皮。哼!就小毛猴崽子一个人说吃西瓜吃瓤,那就让他一个人吃瓤吧!咱们大伙,都吃西瓜皮!"

> 讲故事

西瓜一刀两半,除小毛猴吃瓤外,大伙儿共分西瓜皮……
有个猴吃了两口,就捅了捅旁边的猴说:"哎,我说这可不是滋味啊!"
"咳,老弟,我常吃西瓜,西瓜嘛,就是这味儿……"

第一节　讲故事的准备

一、反复研读,熟悉内容

在讲故事之前,必须反复研读故事材料,熟悉故事的内容,在了解故事梗概的基础上,把握故事的来龙去脉,做到成竹在胸。要先将事情的经过、环境、情节以及人物的关系和经历等弄清楚。可以根据故事的内容,将故事分解为几个阶段,这样,就能将看似复杂的故事材料,分解为几个很好把握的小情节,连贯起来,就不难讲述了。比如《猴子吃西瓜》,可以分为这么几个阶段:①猴王让大家说该怎样吃西瓜;②小毛猴说该吃瓤;③老猴和众猴说该吃皮;④猴王让小毛猴吃瓤,让大伙儿吃皮;⑤吃皮的猴还嘴硬,说西瓜就是这味儿。

二、理解主题,明确目标

熟悉故事的内容之后,要理解故事的主题,这样才能真正明确故事创编的目的,以及讲述的目标和意义。《猴子吃西瓜》这个故事的主题,可以有以下几种理解:不要不懂装懂;不要人云亦云;真理往往掌握在少数人手中;要实事求是;实践出真知……该故事充满了讽喻意味。有了这样的理解,就会明白该故事虽然讲的是猴子身上发生的事情,其实现实生活中这样的事情也是时常发生的。讲述这个故事的时候,就会清楚该怎样达成自己的讲述目标了。

三、看清对象,选择方式

正如弹琴要看听众,讲故事一定要看清对象。再好的故事材料,也不能随便不看对象地讲述一通,那样做只会是对牛弹琴。要根据听众的年龄、知识结构、经历、性别等情况,选择适合听众的方式来讲。如果是讲给成年人听的,就要偏重理性一点,让听众听后明白故事的寓意或旨趣;如果是讲给幼儿听的,就要去成人化,多添加儿童化的语言,让故事充满童趣。

四、适当加工,力求生动

还要根据听众的实际情况,对故事的内容进行适当的改编,注入听众所喜爱的因素。在讲述故事之前,应对故事的价值取向、语言、动作等进行仔细认真的研究,根据听众的特点对作品进行再创造,力求生动地再现故事情景,让听众产生共鸣,只有这样,才能达到故事讲述的目的。

改编故事主要是对故事的主体进行增、删、改。增：故事中有的地方可以增加一些情节或细节，以使故事更加具体生动，跌宕多姿。增主要适宜短故事。删：对故事中的那些与主要情节无关或关系不大的情节或细节要大胆舍弃，把讲述的重点放在故事的主干上，使得故事更加紧凑；有些不利于听众的内容也要删去，以免产生不好的影响。删适宜长故事。改：在故事的情节内容有了较大的增删之后，还要对某些段落、语句、词语进行改动，如：将呆板的叙述改为生动的对话，以突出情节和人物性格；把长句改为短句；把书面语改为口语；添加拟声词；等等。

第二节　讲故事的要求

一、情节曲折，结构完整

故事不论长短，都会有较强的情节性。曲折的故事情节，能够引人入胜。故事中的情节，大多由人物、事件、语言等催生。在讲故事之前，就要弄清故事由哪几个小情节构成，各个小情节是如何衔接、转换的，这样讲起来才会既波澜起伏而又前后贯通。一般情况下，一个故事的结构是相对完整的。情节再复杂的故事，从头到尾讲起来也要前后连贯、结构完整。比如《猴子吃西瓜》，是由下面五个小情节构成的：猴王让大家说该怎样吃西瓜；小毛猴说该吃瓤；老猴和众猴说该吃皮；猴王让小毛猴吃瓤，让大伙儿吃皮；吃皮的猴硬说西瓜就是这味儿。每个小情节之间衔接紧凑，一环套一环，顺着讲下去，直至讲完，是一个完整的故事。缺少其中任何一个环节，前后就会不连贯。

二、形象鲜明，关系清晰

故事都是由人物（动物）演绎的，要想把故事讲得生动感人，就必须做到形象鲜明。有时候，一个故事当中有多个形象，就一定要弄清形象之间的关系，绝不能张冠李戴，或前后不一。如《猴子吃西瓜》，老猴、小毛猴、猴王、秃尾巴猴、众猴，这么多的角色，要弄清它们之间的关系，然后根据它们的性格、地位用不同的声调来体现它们各自的形象特点。

三、"话""表"兼用，声情并茂

"话"，就是故事讲述者叙述故事情节和内容的话语，一是要口语化，二是语气语调要富于变化。

"表"，就是故事讲述者的表情、动作，要形象地展现人物语言的个性化；真实模拟动物的叫声、自然声响或特殊身份人物的语调；借助表情、眼神、动作、音色、腔调等，生动表现形象的性格特点。

在讲述故事的时候，一定要"话""表"兼用，力求声情并茂，形神兼备。

第三节　讲故事的技巧

讲故事要力求通俗易懂,生动活泼,声情并茂。

一、开讲的技巧

1. 提问式

先提一个使听众感兴趣的问题,以引起听众的思考。提问时,语调要上扬,停顿要稍长。例如:

小朋友,你们都知道孙悟空吗?孙悟空使的兵器叫金箍棒。你们知道他的金箍棒是从哪儿来的吗?现在我就来给你们讲个《孙悟空大闹水晶宫》的故事。

2. 议论式

针对教育目的,简单地阐述一个道理。这样既能引起听众的兴趣,又便于更好地发挥讲故事的教育作用。例如:

大家都知道西瓜是吃瓤而不是吃皮的,可是那些猴子是不是知道呢?下面,我就给你们讲一个《猴子吃西瓜》的故事。

3. 介绍式

如果讲的是节选的故事,或者是根据某个故事续编的故事,就要先把故事的起因简单介绍一下,使得前后连贯起来,让听众有一个完整的印象。例如:

现在社会上有不少人认为金钱是万能的,有的家长甚至愚蠢到让孩子辍学去打工挣钱。其实,世间最有价值的并不是金钱,而是知识和智慧,不信,请听我讲一个《金钱和智慧》的故事。

二、收尾的技巧

故事收尾的方法,要视故事的长短而定。

1. 长故事收尾

一次讲不完,可用突然刹车的方式,在关键的地方停下来,给听众留下悬念。如:"要知后事如何,且听下回分解。"

2. 短故事收尾

(1)高潮处收尾。言尽而意无穷,给听众留下种种猜测,如:"西瓜嘛,就这味儿。"(《猴子吃西瓜》)以一只猴子的人云亦云且不懂装懂的话语收尾,让人感到这群猴子愚蠢到了极点,既好笑又耐人寻味。

(2)提问式收尾。启发听众思考故事的思想意义,如:"小朋友,你们说,母鸡的话对吗?"(《小土坑》)又如:"小朋友,你们说那只鸟的教训到底是什么呢?"(《白头翁的故事》)

(3)总结性收尾。直接告诉听众故事的教育作用,如:"哎,谁叫他们上课不专心

呢?"(《上课》)

(4)尾声式收尾。扩展原故事的情节或改变结局,以满足听众的心理。如:"等猪八戒醒来,他已经变成一个非常聪明的新猪八戒啦!"(《猪八戒换脑袋》)

三、"话"与"表"的技巧

1."话",是有声语言的表达

(1)口语化。讲故事要运用口语化的语言,这样才能通俗易懂而又生动感人。

(2)语气语调要富于变化。要根据不同形象的特点确定语气和语调,或者说用不同的语气、语调来区分形象的特点。例如"猴王找到个大西瓜"这个句子,讲述的时候,"王"字后面稍作停顿,"王""西"二字语调稍高,"到个""瓜"轻读,"王""大""西"三字重读;语速上,"找到个大西瓜"要比"猴王"稍快。

2."表",是指表情、眼神、动作、神情等态势语

(1)设计"音腔",形象地展现人物语言的个性化。好的故事,人物性格总是非常鲜明的。故事中鲜明的人物性格,往往是通过人物的语言、表情、动作等表现出来。讲故事的人要根据故事中人物或其他形象的年龄、性别、性格、职业、地位等要素,为其设计一种特有的发音腔调,让听众能够借助这种特有的"音腔"区别故事中不同的形象。只有这样,才会感到故事中的形象栩栩如生,活灵活现。比如《猴子吃西瓜》中,各种形象互不相同:猴王外表威严,内里空虚;小毛猴大胆机灵;秃尾巴猴纯朴天真;老猴倚老卖老;"旁边的"猴傻乎乎的却还要不懂装懂。根据这些基本特征,可以对这些形象说话的声音做如下处理:猴王,声音中、平、偏慢,着重表现其含而不露、故作威严的姿态;小毛猴,声音尖、细、较快,着重表现其初生牛犊不怕虎的样子;秃尾巴猴,声音高、平、稍尖,着重表现其办事认真、喜欢推理的性格;老猴,声音粗、重、偏慢、偏高,着重表现其倚老卖老、故作姿态的特征;"旁边的"猴,声音粗重,着重表现其满不在乎、大大咧咧的性格。

(2)学习运用口技,真实模拟动物的叫声、自然声响或特殊身份人物的语调。模拟动物发出的声音,能给人身临其境的感觉。要想模拟好各种动物的叫声,首先要消除害羞的心理,让声带彻底放松,才能伸展自如地发出各种尖细粗哑、大小不同、高低各异的声音来。其次,要留心观察、细心琢磨。如:羊的叫声极为尖细且有些发颤;公鸡打鸣高亢嘹亮且往往由小到大;母鸡的"咯嗒"声,"咯"大多是反复出现的,"嗒"的音往往拖得较长;狗的叫声精而锐利,带股狠劲;牛的叫声低沉浑厚而悠长,且黄牛与水牛、老牛与小牛也各不相同。

对自然声响的模拟,虽然不必像口技那样惟妙惟肖,但还是可以将环境特点鲜明地表现出来,如风雨声、滴水声、脚步声、撞击声、敲门声、射击声、风吹树叶的沙沙声等。对自然环境的适当模拟,有助于渲染故事的气氛,也有助于故事的生动感人。

(3)借助态势语,生动表现人物的形象性格。使用动作、眼神、表情等符合故事内容要求的各种姿势,既能吸引听众的视觉,又能帮助听众形象地理解故事内容。使用态势语要注意手势、眼神、表情等跟讲话相配合,讲到哪儿,指到哪儿;还要注意得体,

切忌故作姿态。如：讲到猴王对众猴说话时，可把双手背到身后，头稍昂起，眼睛俯视中略带斜视；讲到小毛猴时，可做个搔搔腮的动作；讲到老猴时，可用手在胸前做个捋胡子的样子。这样，听众便仿佛能够既从声音中听到又能够从动作中看到猴王、小毛猴、老猴的形象了。

四、其他技巧

1. 发音要清晰

这是讲好故事的基本条件。如果讲故事时有个别音发不清楚就会大大降低故事的质量，影响故事情节的生动性。有的幼儿是因为舌尖音发不清；有的幼儿是说得太快，字咬得不实；还有的幼儿是不张嘴巴，音含在嗓子处送不出来。这就调动不起听众的积极性，感觉故事没有吸引力。所以，讲故事时，一定要发音到位，把每一个字都讲清楚。

2. 语调要抑扬顿挫

这是讲故事重要的技能技巧。如《猴子吃西瓜》，老猴、小毛猴、猴王、秃尾巴猴、众猴，这么多的角色，要根据它们的性格、地位用不同的声调来体现。高兴时，声调轻松明快；郁闷时，声调低沉缓慢。让听众根据声音就能区分出角色和剧情的变化。

3. 附以动作表演

这是提升故事精彩程度的有效手段。孩子的表演能为故事增光添彩，显得丰富有趣。如讲到小鸟，就飞一飞；讲到小猫就喵喵叫；讲到难过时就哭两声；讲到生气时就噘噘嘴、跺跺脚。动作表演要自然到位，和内容要有效配合，协调一致。

4. 眼神要跟上

眼神在故事讲述中能起到画龙点睛的作用。俗话说："眼睛是心灵的窗户。"讲故事时眼里要有神，要能与观众真诚地交流，让眼神随着故事情节变化。切忌眼睛向下看，盯着一个地方不动，那样会给人目光呆滞、没精神的感觉。

《猴子吃西瓜》态势语设计：

猴王找到了一个大西瓜，可是，怎么吃呢？这个猴啊，是从来（摇头状）也没有吃过西瓜。忽然，他想出了一条妙计，于是，把所有的猴都召集来了。

他（双手后背状）清了清嗓子说："今天，我找到了一个大西瓜。（双手掌心向内比画一下）至于这西瓜的吃法嘛，我当然……（晃一下脑袋）当然是知道的。不过，我要考验一下大伙的智慧，看看谁能说出这西瓜的吃法。如果说对了，我可以多赏他（和颜悦色地，右手向右前方点一下）一块儿。如果说错了，我可要（瞪眼，向左瞥一眼）惩罚他！"

大伙儿你看看我，我看看你（眼睛左右扫视一下），谁也没有（摇头状）吃过西瓜。

小毛猴眨巴眨巴眼睛（眨眼状），挠了挠腮（搔头，眼神亮出）说："我知道，吃西瓜是吃瓢！"

"不对！小毛猴说得不对！"秃尾巴猴跳了起来："我小的时候跟我妈去姥姥家，吃过甜瓜，吃甜瓜就是吃皮。我想，这甜瓜也是瓜，西瓜也是瓜，吃西瓜嘛，当然也是吃皮喽。"

　　这时候,大伙争执起来,有的说:"吃西瓜吃皮!"有的说:"吃西瓜吃瓤!"可争了半天,也没争出个结果,于是都不由得把目光集中到一个老猴的身上……

　　这老猴认为出头露面的机会来了,他捋了捋胡子,打扫了一下嗓子(清嗓子状)说:"这吃西瓜嘛,当然……当然是吃皮喽。我从小就爱吃西瓜,而且……而且一直都是吃皮的。我想(右手捋胡子状),我之所以老而不死,就是因为吃了这西瓜皮的缘故(摇头晃脑的得意状)……"

　　大伙都欢呼起来:"对!吃西瓜吃皮!""吃西瓜吃皮!"……

　　猴王认为找到了正确答案,他站起身来,上前一步,开言道:"对 大伙儿说得对!(非常自信、十分肯定地)吃西瓜是吃皮。哼!就小毛猴崽子一个人说吃西瓜吃瓤,(冷漠地)那就让他一个人吃瓤吧!咱们大伙,都吃西瓜皮(双手搅一下)!"

　　西瓜一刀两半(双手分开比画一下),除小毛猴吃瓤外,大伙儿共分西瓜皮……

　　有个猴吃了两口,就捅了捅旁边的猴说:"哎(皱眉,吐舌头状),我说这可不是滋味啊!"

　　"咳,老弟,我常吃西瓜,西瓜嘛,(不以为然地挥一下手)就是这味儿……"

思考与练习

　　1. 讲故事要做好哪些准备工作?
　　2. 举例说明,讲故事有哪些要求。
　　3. 以《猴子吃西瓜》为例,谈谈讲故事要具备哪些技巧。
　　4. 网络学习:在百度、豆丁、道客巴巴等网络平台上搜索"讲故事的技巧",与同学分享、学习。

第四节　怎样讲幼儿故事

　　故事是最受幼儿喜欢的文学形式之一,蕴涵着丰富的认知、情感、审美、道德等方面的价值。教师给幼儿讲述故事,是幼儿教育教学活动中的一项重要内容。

一、选择故事

　　幼儿的发展与年龄的关系非常紧密,不同年龄段的幼儿思维有着很大的差异,要根据不同年龄特点选择作品。

　　针对3~4岁的小班幼儿,适宜选择内容单纯、情节简单、形象生动的故事,使用儿童化、拟人化的语言,多使用态势语,语速放慢,重点语句可以适当重复。

　　针对4~5岁的中班幼儿,选择的作品可以是中外经典童话故事等,并注意在阅读中增进与幼儿的交流,促进幼儿语言运用能力的发展,语言可以相对丰富。

　　针对5~6岁的大班幼儿,故事的选择要丰富得多,可以适当增加一些科普故事,

> 讲故事

讲述时语言要简洁,可适当使用抽象词语和复合句。

二、运用儿童化语言

幼儿思维能力有限,讲述故事时使用的语言应符合幼儿形象思维的特点,尽量使用儿童化语言。

儿童化语言,不是指向儿童不成熟的表达靠拢的"儿童语言",而是指适合儿童、强调童趣的语言。幼儿年龄小、理解能力较弱,这就决定了教师在使用语言时应当避繁就简,使用词汇涉及范围较小、句法结构较为简短的语句,不使用让幼儿感到理解困难的专有名词、抽象词语和长句、复合句等。具体来说,儿童化语言具有以下特点。

(1)运用儿童化的词语。选择词语要遵循"以浅代深"的原则,讲述时要多用表示具体概念、色彩、形态、动作的词,多用叠音词、感叹词、语气词。

如故事中提到"一锅腊八粥"时可以这样描述——红红的枣、黄黄的豆、白白的米、胖胖的花生。显而易见,这样的表述会更加生动。

(2)运用儿童化的句式。句子要短小一些、简单一些,附加成分尽量少,可适当重复。如故事《动物做鞋》:

小猴开鞋店,大家来做鞋。仙鹤说:"请你给我做一双鞋。"小马说:"请你给我做两双鞋。"蜻蜓说:"请你给我做三双鞋。"大虾说:"请你给我做五双鞋。"螃蟹说:"请你给我做六双鞋。"最后,蜈蚣也要做鞋,小猴急了:"你要做二十一双鞋,什么时候才能做完啊?"

这个故事中不断重复的句子不仅可以加深幼儿印象,还具有跌宕起伏的韵律感,是儿童化句式的典型代表。

(3)营造儿童化的话语情境。讲述时要对儿童多注入一些情感因素:节奏缓慢,语音和谐悦耳,声调愉快柔和,语气委婉坚定,节奏鲜明匀称,富于音乐美,语气"柔"一点,语调"甜"一点等。

除此,语言不妨有趣些,多使用常见的修辞手法,使口语生动活泼。如形容天热,可以说"天真热,能热死四百头大象",这样饶有风趣的语言更能吸引幼儿。

三、对故事进行再创造

根据幼儿的实际情况,对故事的内容进行加工,注入幼儿所喜爱的趣味因素,以趣促学、寓教于乐。因此在讲述故事之前,教师应对故事的语言设计和价值倾向等进行仔细认真的研读与审视,根据幼儿发展需要与身心特点对作品进行再创造。

如经典童话故事《丑小鸭》是非常受儿童喜爱的作品,但如果照着叶君健先生翻译的安徒生原著来讲的话,恐怕大多数幼儿会无法欣赏。如原著中故事的结尾是这样写的:

当太阳又开始温暖地照着的时候,他正躺在沼泽地的芦苇里。百灵鸟唱起歌来了,这是一个美丽的春天。忽然间他举起翅膀,翅膀拍起来比以前有力得多,马上就把他托起来飞走了。他不知不觉地已经飞进了一座大花园。这儿苹果树正开着花,紫丁香在散发着香气,它又长又绿的枝条垂到弯弯曲曲的溪流上。啊,这儿美丽极了,充满了春天的气息!三只美丽的白天鹅从树荫里一直游到他面前来。他们轻飘飘地浮在水上,翅膀发出飕飕的响声。小鸭认出这些美丽的动物,于是心里感到一种说不出的难过。

"我要飞向他们,飞向这些高贵的鸟儿!可是他们会把我弄死的,因为我是这样丑,居然敢接近他们。不过这没有什么关系!被他们杀死,要比被鸭子咬、被鸡群啄、被看管养鸡场的那个女佣踢和在冬天受苦好得多!"于是他飞到水里,向这些美丽的天鹅游去。这些动物看到他,马上就竖起羽毛向他游来。"请你们弄死我吧!"这只可怜的动物说。他把头低低地垂到水上,只等着死。但是他在这清澈的水上看到了什么呢?他看到了自己的倒影。但那不再是一只粗笨的、深灰色的,又丑又令人讨厌的鸭子,却是一只天鹅。

而鞠萍姐姐讲述这个故事时则改为这样简单几句:

冬天过去了,春天来到了。丑小鸭经历了种种的磨难和考验,他长得高大结实,竟然能够展翅飞翔了。他看到花园里有三只天鹅,想游过去,可是又担心他们会啄死他。忽然,他头一低,看到了自己的倒影。"啊,我再也不是丑小鸭了,而是一只美丽的天鹅!"

原著多用描述性语言,从景物描写到心理描写,都是文笔出色、情感真挚的句子。但是对于幼儿来说,这样的语言太复杂了,远远超出了幼儿的知识储备和理解水平。这时就需要教师根据作品内容进行修改,减少描述性的句子,删掉句子中大量的修饰语,把长句改为短句,以适合幼儿的语言接受能力。

总之,在不改变故事原有情节的前提下,对故事的细节进行扩充,把表现故事的语言进行美化,加上小朋友爱听又能听得懂的语言,更加生动地表现故事情节,尤其是要从小朋友的特点出发,使用一些重复、拟声词等,使故事更加充满童趣。

四、塑造角色形象

故事中的角色往往会给幼儿留下极为深刻的印象。好的故事会让幼儿沉浸在故事的情景氛围中,为角色形象的命运变化而牵肠挂肚,随着角色的喜怒哀乐而心情起伏。因此,讲述故事时要对故事角色进行处理,塑造恰当的角色形象,以帮助幼儿了解角色的特点和个性,从而更好地领会故事的意义,获得更加愉悦的审美享受。角色塑造的原则就是要把握和揣摩角色性格,如果是以动物为主角的故事要把动物拟人化。

比如在讲述《小蝌蚪找妈妈》这个故事之前,首先要熟悉故事,然后对其中的角色形象进行分析、设计。故事中总共出现小蝌蚪、鸭妈妈、大鱼、乌龟、青蛙这样几种动物。小蝌蚪,可以看成单纯冲动的孩子;鸭妈妈,可以看成直爽的大妈;大鱼,可以看成温柔的女性;乌龟,可以看成稳重的长者;青蛙,可以看成热情、有活力的年轻妈妈。经过这样的形象塑造后,故事里的每个角色都有自己的定位和性格,讲述时会更加生动形象。

在确定角色性格之后,就要选择适当的声音来表现,也就是声音的"造型"。声音的造型要求清晰准确,绘声绘色,形象生动,略带夸张,富有趣味性。故事中的人物在年龄、性别、身份、性格等方面各不相同,讲述故事时要把他们区分开来。例如小孩说话声音高而细,语速较快;老人说话声音低而粗,语速较缓;刚直豪爽的人,说话声音厚实,吐字饱满有力;善良柔弱的人,说话声音半虚半实,吐字轻缓;等等。幼儿故事口语中的声音造型区分度要鲜明,不妨略带夸张。但不必追求逼真,更不必拿腔捏调,贵在神似。另外,还可以使用一些特殊的声音,比如用又粗又涩的声音扮演鸭爸爸,用恶狠狠的腔调演绎大灰狼,用尖细做作的嗓音塑造狐狸,用阴郁沉闷的怪声表现老巫婆,等等。这样,一个个活生生、有个性、有魅力的声音形象就出现了,这些声音会把幼儿带入多彩的童话世界,之后的交流、教学也会进行得顺利而且充满活力。

五、形成语言风格

给幼儿讲故事的语言,整体风格应做到生动准确、亲切形象、自然有趣,除要注意"儿童化"外,还要注意从以下几方面入手,营造适合幼儿的话语情境,然后逐渐形成特有的语言风格。

1. 适当增加对话

讲故事是一种单向口语表述,在讲述时适当加入一些双向口语交际的要素,适时引导幼儿加入,让幼儿补充情节、设计结尾、评论故事,可以使幼儿对讲故事活动的参与度更高,促使幼儿敞开心灵、发挥想象。同时,还可以促进幼儿语言能力的发展。

如讲述《猴子捞月》时,鞠萍姐姐是这样提问的:"那水中的月亮为什么捞不起来啊?""水中的月亮是什么呀?"幼儿一般都能回答出这两个问题,会因此获得一种成就感。对于幼儿有一定了解的故事可以问:"小朋友,你们知道怎么了吗?下面会发生怎样的故事呢?"幼儿回答后教师要及时评价:"对了,你们太聪明了,事情的确是这样的。""你们想不想听听老师的故事是怎么讲的呢?"

总之,"对话体"的运用也要循序渐进、适可而止,开放性的问题不宜多,要以教师讲述为主。同时还要慎重评价幼儿的回答,既不要强迫幼儿遵循既定的故事,也不能任由幼儿天马行空地发挥想象,教师应运用自己的教育智慧把握好尺度。

2. 书面语转化为口语

一般而言,讲述幼儿故事有一个书面语到口语的转换过程。具体表现为词汇口语化,长句变短句,整句变散句,多使用"了""啊"等语气词,少用关联词等。

如孙敬修爷爷在讲故事时会把"因为天下雨,所以带把雨伞"改为"啊,天哗哗地下雨了,怎么办呢,带把伞吧!"短句的运用使语言显得特别口语化。

3. 使用丰富的态势语

给幼儿讲述故事时的态势语基本要求是恰当和充满童趣。运用的表情动作应和故事内容相吻合,形象、鲜明地表现故事的内容,以引起幼儿的联想和想象,帮助幼儿更好地理解故事内容。

例如《猴子捞月》,讲到猴子们"抬头一看"时要随之抬头;讲到"啊,月亮掉到井里了"时可以瞪眼张嘴,握紧双手举在胸前,表示紧张;最后讲到"什么也没捞着"时头要摇一摇,脸上流露出失望的表情……这些态势语可以增强故事的感染力,吸引幼儿的注意,引发他们对故事情节的兴趣。

提高讲故事的水平绝不是一朝一夕的工夫,不仅需要不断地学习理论知识,还需要进行大量的实践训练。

六、给幼儿讲故事的几种技巧

(一)熟记各种动物叫声的拟声词

熟记各种动物叫声的拟声词,可以在讲到该种动物的时候随口用出来。比如小鸭子的叫声"嘎嘎",在讲到小鸭子对白时,先叫几声"嘎嘎",这样听故事的小朋友就有身临其境的感觉,小鸭子的形象也鲜活起来了。要记住并且尽量真实且带有童趣地模仿角色的声音,对讲好故事是非常重要的。

(二)扩充故事角色的对白

有的时候,在文字故事上,它们只写出主要的一两句对白,如果我们在讲述的时候也只是一五一十地照搬书中的对白,就会显得有些呆板,故事讲得很枯燥。那我们就要在讲述之前进行想象,把原先一两句的对白扩充,角色之间你来我往多对几句,这样故事的表现就会更加真实,原则是不能篡改故事的原意。

(三)在适当的时候进行重复

幼儿注意以无意注意为主,他们不能自主地把注意力长时间集中起来。所以他们在听故事的时候,听着听着就开小差了。另外,他们的思维不可能像成人那样转换得快,往往我们用通常的速度讲述故事,他们却不可能把故事的内容全部听懂,所以我们在讲述故事的时候需要把一些重要的、精彩的部分进行重复。孩子们喜欢这种重复,他们不会对这种重复感到厌烦,相反,他们在重复听的过程中,会自然而然地记住这部分的内容。

(四)在适当的时候设置提问

在适当的时候设置提问,就是通常说的"卖关子"。因为小朋友注意力集中的时间往往比较短,他们在较长时间听故事的过程中,思想会游离,那样会影响孩子对故事的理解。所以我们在讲述比较长的故事的时候不要一口气讲完,在适当的时候,要设置一些提问,或者卖一下关子,故意提起小朋友的胃口,其实是再次引起小朋友的兴趣,让他们重新集中注意力来听老师讲故事。另外,在故事的开始和结束部分要用特殊的语言来提示小朋友故事开始了或者结束了,引领小朋友的情绪从开始到结束有一个完整的过程。

(五)在适当的时候让孩子们与故事中的角色进行互动

因为幼儿阶段的孩子,他们有着想象与真实不能分清界限的特点,所以我们可以根据孩子的这一思维特点,让孩子直接融入故事的情节中,比如让孩子帮助故事中的弱者角色逃跑、找到他想要的东西,比如给小兔子壮胆、给胆小的小羊加油打气,等等,这些都是孩子们非常乐意参与的事情,而且他们在做这些事情的时候会十分投入。比

讲故事

如有时候,孩子们听到大灰狼就要追上小兔子的时候,他们会激动地喊:"小兔子快跑哇!小兔子快跑哇!"到这个时候孩子们势必会随着故事角色的喜而喜,怒而怒,难过而难过,着急而着急,孩子们的情绪已经完全与故事的情节和感情融为一体了。有时候,老师讲到角色的一个动作,不断地重复这个动作,老师的口气带着提示性,孩子们会情不自禁地跟着老师说这个动词,好像他们也在和角色一起感受这个动作。比如大班故事《转不停的小狗》中,小朋友就会一起说:"转呀、转呀、转呀、转呀……"

思考与练习

1. 给幼儿讲故事,应该注意哪些问题?

2. 运用讲故事的几种技巧,修改教材里的一则故事,讲给同学听,让同学听后提出修改意见,然后再进行修改。

3. 举例说明,给幼儿讲故事应具备什么样的语言风格。

4. 给幼儿讲故事应具备哪些技巧?

第二章 如何学习讲故事

一、勤读书,多积累

"熟读唐诗三百首,不会吟诗也会吟。"要想提升自己的语言能力,就必须养成勤读书的好习惯。书读多了,知识丰富了,眼界自然就开阔了,认识也就自然而然地提高了。思维决定语言,而读书无疑是提高思维能力最为重要的途径,所以我们要勤读书,多积累。

二、借鉴别人的好方法

可以通过听录音机磁带、看碟片、看电视等,学习讲故事的技巧。比如,《鞠萍姐姐讲故事》《孙敬修爷爷讲故事》等。在这些优秀的节目中,可以找到很多讲好故事的技巧,比如讲故事的时候语言要亲切要有变化,在表现动作的时候可以使用很多各种各样的拟声词,可以提高对人物角色的动作的表现力度。比如在讲述故事中间可以设置一些提问,可卖卖小关子来吸引听者注意,等等。

三、勤练习,多实践

"纸上得来终觉浅,绝知此事要躬行。"懂得再多,不能恰当地运用是不行的;别人的方法再好,终究是别人的。要驾轻就熟地运用学过的知识和方法,就必须勤练习,多实践。看过的故事或小说、戏剧、笑话等,自己感觉喜欢,读过之后自己试着讲述一遍,再对照作品仔细比较一下看看有哪些不妥,加以修改之后再讲一遍,直到自己满意。可以讲给别人听,看别人听后感觉如何。还可以通过讲故事比赛,提高讲述水平。

思考与练习
1. 结合实际,谈谈如何学习讲故事。
2. 选一则故事讲给同桌听,让同桌提出修改意见。

第二编 故事选编

第一章 神话故事

一、女娲补天

传说盘古开天辟地,女娲用黄泥造人,日月星辰各司其职,子民安居乐业,四海歌舞升平。后来共工与颛顼争帝位,不胜而头触不周之山,导致天柱折,地维绝,四极废,九州裂,天倾西北,地陷东南,洪水泛滥,大火蔓延,人民流离失所。

女娲看到她的子民们陷入巨大灾难之中,十分关切,决心炼石以补苍天。于是她周游四海,遍涉群山,最后选择了东海之外的海上仙山——天台山。天台山是东海上五座仙山之一,五座仙山分别由神鳌用背驼着,以防沉入海底。女娲为何选择天台山呢?因为只有天台山才出产炼石用的五色土,是炼补天石的绝佳之地。

于是,女娲在天台山顶堆巨石为炉,取五色土为料,又借来太阳神火,历时九天九夜,炼就了五色巨石36501块。然后又历时九天九夜,用36500块五彩石将天补好。剩下的一块遗留在天台山中汤谷的山顶上。

女娲补天　剪雨绘

天是补好了,可是却找不到支撑四极的柱子。要是没有柱子支撑,天就会塌下来。情急之下,女娲只好将背负天台山之神鳌的四只足砍下来支撑四极。可是天台山要是没有神鳌的负载,就会沉入海底,于是女娲将天台山移到东海之滨的琅琊,就是今天日照市涛雒镇一带。至今天台山上仍然留有女娲补天台、补天台下有被斩了足的神鳌和补天剩下的五彩石,后人称之为太阳神石。

女娲补天之后,天地定位,洪水归道,烈火熄灭,四海宁静。人们在天台山载歌载舞,欢庆补天成功,同时在山下建立女娲庙,世代供奉,朝拜者络绎不绝,香火不断。

【讲读提示】

1.这个故事,充满了瑰丽神奇的幻想。表现了女娲博大善良的胸怀。有想象,才有神话;有想象,才有人类历史的进步,也才有对文化的记忆和传承。

2. 讲述时应充满激情,引导孩子们进入故事的情境中去。讲述神话故事,也是为了让孩子们了解人类文明的源头。

二、精卫填海

据说中原北边,有一座发鸠山,它在山西省东南部的长治市长子县,漳河就是从发鸠山流出来的。

发鸠山上有一种柘树,样子像桑。柘树林里生活着一种小鸟,这种鸟的身子黑黑的,有点像小乌鸦。可是它的嘴白白的,爪子红红的,脑袋上还有花纹。它常常叫着自己的名字:"精卫!"声音很凄厉,所以人们叫它"精卫鸟"。

发鸠山在长子县的西面,精卫鸟经常叼着西山的石子、树枝往东飞,飞到东海,就把石子、树枝扔到海里,然后再回来叼。

精卫填海　焦七月、李娜娴绘

它为什么要这么做呢?这里有一个悲惨的故事。

精卫本来是太阳神炎帝的女儿,是个没成年的小姑娘。中原人把孩子叫作"娃",这个小姑娘,大伙儿都叫她"女娃"。

炎帝不但管太阳,还管五谷和药材,因此,他的另外一个名字叫"神农"。有时候,人们把他的两个名字连起来,叫他"神农炎帝"。神农炎帝的事情很多,每天一大早,他就要到东海去指挥太阳升起,一直到太阳落山才回家。

女娃是个懂事的好孩子,爸爸不在家,她就自己玩。她常常穿着一双小红鞋跑到田野里,把很多花插在自己头上,打扮得漂漂亮亮的。她在田野里看着火红的太阳从东方升起,高高兴兴地沐浴着阳光,欣赏着周围的一片生机。万物在阳光下生长,鸟兽在阳光下欢腾,她感到很自豪,因为大地的光明和温暖是她爸爸带来的。

有时候,她跑到东海边上去看日出,当她看到霞光万道、光芒四射,一轮红日从海面上跳出来的时候,她喜欢极了。因此很想去看看东海以外太阳升起的地方。

可是,女娃太小,炎帝不能带她去。因为太阳升起的地方在东海以外几亿万里的"归墟",那地方很热很热,小孩子受不了。

女娃老是因为这件事生气。神秘的归墟太吸引人了。有一次,她不听话,等爸爸走了以后,自己跳到东海里向归墟游去。

游啊,游啊,起先她很快活,游得很起劲。后来越游越远,不料,一阵风浪袭来,把女娃吞没了。

女娲沉入了东海,再也没有回来。

可是,女娲的精魂没有死,她恨海中的恶浪,她的精灵化作小鸟,头上的野花化作脑门的花纹,脚上的小红鞋变成了红爪,她发誓要填没东海!

为了壮大自己的力量,精卫就和海燕结成配偶,繁衍后代,让自己的精神世世代代流传下去,以继续填海的事业,直到把大海填平为止。精卫和海燕生下的孩子,雌的就像精卫,雄的就像海燕。

精卫鸟一刻不停地从西山衔来石子和树枝,往东海扔。早也扔,晚也扔,今天也扔,明天也扔,即使遇到狂风暴雨,它也在风雨中穿行。有时候,它离水面太近了,海上的恶浪又一次把它吞没,可是,它仍然不罢休,还有新的精卫鸟继续来填海。

精卫填海的事惊动了天神。水神共工很佩服精卫的精神,于是就降下洪水,把高原上的泥沙冲进大海,把海水都搅黄了。于是,人们把东海北部发黄的海域叫作"黄海"。

当大海发觉自己真有被填平的危险时,赶紧采取措施,把那些泥沙用潮汐推向岸边,泥沙在岸边沉淀下来,就形成了海涂。海涂厚了、大了,人们就把它匡围起来,改造成良田。

人们忘不了这片土地是精卫填海而来的,就教育自己的子子孙孙,世世代代都要爱鸟、护鸟,学习精卫精神,矢志不渝地朝着既定的目标去奋力拼搏。

【讲读提示】

1. 这是一个动人的故事,让人感动的是精卫的顽强意志。每当读这个故事,就会想到清代诗人顾炎武的《精卫》:"万事有不平,尔何空自苦;长将一寸身,衔木到终古?我愿平东海,身沉心不改;大海无平期,我心无绝时。呜呼!君不见,西山衔木众鸟多,鹊来燕去自成窠。"是啊,"我愿平东海,身沉心不改!"只要有这种矢志不渝的精神,就没有什么困难是不可以克服的了。

2. 上古时代的很多神话故事,都是中国人家喻户晓的。上古神话所反映的是华夏民族早期先民的唯心世界观,以纪念族群中做过特别重大贡献的聚落群体和首领。越朴实的神话,所还原的早期先民的生活和思想就越可信,当然那些神仙法术与魔力无边是为了渲染传说,也是古人超凡想象力的体现,与现实科学无关。

三、夸父逐日

远古时候,在北方大荒中的一座叫"成都载天"的大山上,住着夸父族的人。据说他们是大神后土的子孙,个个都身材高大无比,力量惊人。他们性格勇敢坚强而又诚实笃厚。

有一个夸父族的巨人,看见太阳每天从东方出来,又向西方隐没下去,然后就是黑暗无边的长夜,直到第二天的早晨,太阳才再从东方出来。巨人夸父心想:"每天晚上,太阳躲到哪里去了呢?我不喜欢黑暗,我喜欢光明!我要去追赶太阳,把它抓住,让它固定在天空中,让大地不分昼夜,一直都是光辉灿烂的。"

> 【讲故事】

夸父逐日　剪雨绘

于是他提起长腿，迈开大步，在原野上如风地奔跑，向着西斜的太阳追去，瞬息间就跑了一两千里。

他这一追，一直把太阳追到禺谷。禺谷，就是虞渊，也就是太阳沉落的地方。

还不等太阳落下去，善跑的长腿巨人夸父就已经追到了。一团红亮的火球就在夸父的面前，使他周身完全处在大光明的围绕之中，他情不自禁地举起两条巨大的手臂来，想把眼前的太阳捉住。

就在这时，他喉咙里忽然感到一种极其烦躁的口渴，使他简直无法忍受。当然这并不奇怪，因为他这样近距离地被酷热的太阳烤炙着，加上奔跑了很长时间，实在有些筋疲力尽了。

他只得暂时放弃了想要追捕的太阳，俯下身子来，去喝黄河、渭水里的水。经他这么"咕咚"地一喝，霎时间两条大河的水都被他喝干了，可是即使是这样，仍然没有解决那烦躁而难受的口渴。

他继续向北方跑去，准备去喝大泽里的水。那大泽，又名"瀚海"，在雁门山的北边，是鸟雀们滋生幼儿和更换羽毛的地方，纵横有千里宽广。那倒是一处好水泉，可以给寻求光明的巨人解除口渴。可惜他还没有到达目的地，就在中途渴死了。

他高大的身躯像一座大山一样颓然倒了下来，大地和山河都因为这个巨人的倒下而发出轰然的震响。这时太阳正向虞渊落去，把最后几缕金色的光辉涂抹在夸父的脸颊上。夸父遗憾地看着正在西落的太阳，"唉——"地长叹了一声，便把手里拄的杖奋力往前一抛，闭上眼睛长眠了。

到第二天早晨，当太阳又从东方升起，用它的金光来普照大地的时候，就发现昨天倒毙在原野上的夸父，已变成了一座巍峨的高山，山的北边，有一片绿叶茂密、鲜果累累的桃林，那就是夸父的手杖变成的。

他把这些滋味鲜美的果子，送给后来追寻光明的人们解除口渴，使他们一个个体健口润、精神百倍、勇往直前，不达到目的，决不休止。

【讲读提示】

1.这个上古神话出自《山海经·海外北经》。远古先民，通过想象来表现他们对生命的思考:渴望摆脱有限生命的束缚,强烈地向往永恒的时光。

2.对这个故事的寓意,人们有不同的理解。有人认为这个故事说明:"只有重视时间和太阳竞走的人,才能走得快;越是走得快的人,才越感到腹中空虚。"还有种说法:夸父逐日是为了给人类采撷火种,使大地获得光明与温暖。夸父是"盗火英雄",是中国的普罗米修斯。夸父逐日的故事,给人以丰富的想象,也给人以深刻的启迪。人们以各自不同的理解,云认识这个世界,去实现自己美好的追求。

四、后羿射日

传说古时候,天空曾有十个太阳,他们都是东方天帝的儿子。这十个太阳跟他们的母亲、天帝的妻子共同住在东海边上。

她经常把十个孩子放在世界最东边的东海洗澡。洗完澡后,让他们像小鸟那样栖息在一棵大树上。因为每个太阳的形象中心都是只鸟,所以大树就成了他们的家,九个太阳栖息在长得较矮的树枝上,另一个太阳则栖息在树梢上。

当黎明需要晨光来临时,栖息在树梢的太阳便坐着两轮车,穿越天空,照射人间,把光和热洒遍世界的每个角落。十个太阳每天一换,轮流当值,秩序井然,天地万物一片和谐。

人们在大地上生活得非常和睦,日出而耕,日落而息,生活过得既美满又幸福。人和动物也能和睦相处。那时候人们感恩于太阳给他们带来了时辰、光明和欢乐,经常面向天空磕头作揖,顶礼膜拜。

后羿射日　胡志明、朱云、孙国双绘

可是,这样的日子过长了,这十个太阳就觉得无聊,他们想要一起周游天空,觉得肯定很有趣。于是,当黎明来临时,十个太阳一起爬上双轮车,踏上了穿越天空的征程。

这一下,大地上的人和万物就受不了了。十个太阳像十个大火团,他们一起放出的热量烤焦了大地,烧死许许多多的人和动物。森林着火啦,所有的树木、庄稼和房子都被烧成了灰烬。那些在大火中没有烧死的人和动物,四下流窜,发疯似的寻找可以躲避灾难的地方和能救命的水和食物。

河流干枯了,大海也面临干涸,所有的鱼类也死光了,水中的怪物便爬上岸偷窃食物。农作物和果园枯萎烧焦,供给人和家畜的食物源断绝了。人们不是被太阳的高温活活烧死就是成了野兽口中的食物。人们在火海灾难中苦苦挣扎,祈求上苍的恩赐!

> 讲故事

这时,有个年轻英俊的英雄大神叫后羿,他是个神箭手,箭法超群,百发百中。他被天帝召唤去,领受了驱赶太阳的使命。他看到人们生活在火难中,心中十分不忍,便暗下决心射掉那多余的九个太阳,帮助人们脱离苦海。

于是,后羿爬过了九十九座高山,迈过了九十九条大河,穿过了九十九个峡谷,来到了东海边,登上了一座大山,山脚下就是茫茫的大海。后羿拉开了万斤力弓弩,搭上千斤重的利箭,瞄准天上火辣辣的太阳,嗖地一箭射去,第一太阳被射落了。后羿又拉开弓弩,搭上利箭,嗡地一声射去,同时射落了两个太阳。这下,天上还有七个太阳瞪着红彤彤的眼睛。后羿感到这些太阳仍很焦热,又狠狠地射出了第三支箭。这一箭射得很有力,一箭射落了四个太阳。其他的太阳吓得全身打战,团团旋转。

就这样,后羿一支接一支地把箭射向太阳,无一虚发,射掉了九个太阳。中了箭的九个太阳一个接一个地死去。他们的羽毛纷纷落在地上,他们的光和热一点一点地消失了。直到最后剩下一个太阳,他怕极了,就按照后羿的吩咐,老老实实地为大地和万物继续贡献光和热。

从此,这个太阳每天从东方的海边升起,晚上从西边山上落下,温暖着人间,保持万物生存,人们安居乐业。

【讲读提示】

1.这则神话塑造了一位英雄——后羿的形象。故事以奇特的想象,展现出10个太阳一起出现在天上时的景象:草木庄稼枯死,百姓无食可吃,猛兽祸害人间……百姓们遭受着天灾人祸,凄惨之状难以尽述。就在这时,救星后羿出现了!作者把他想象得神勇非凡:下杀猛兽,上射太阳,救万民于水火。

2.后羿射日的壮举,千百年来为人们所称道。这反映了我国古代劳动人民想要战胜自然、改造自然的美好愿望。

五、古希腊人的木马计

大约在公元前13世纪,希腊人和特洛伊人之间发生了一场战争。希腊人联合起来攻打特洛伊城,但特洛伊城是个十分坚固的城市,希腊人攻打了9年也没有打下来。在漫长的9年交战中,双方互有胜负。被围困的特洛伊国力日渐削弱。希腊人则有成千上万的武士战死在异国他乡。

当战争持续到第10年时,特洛伊城虽仍未被攻破,但它最英勇的主将、帕里斯的哥哥、特洛伊王太子赫克托尔却在与希腊军中最勇猛的将领阿基里斯的决斗中阵亡。此后,帕里斯用一支毒箭射中了阿基里斯的脚踵,使阿基里斯中毒身亡。但不久帕里斯也在战斗中被希腊将领们乱箭射死。

双方相继损兵折将,损失都很惨重。但希腊人还是无法攻下特洛伊城。在这种情况下,希腊军中最足智多谋的将领奥德修斯想出了一条妙计。

一天清晨,特洛伊人突然发现城外再也听不见希腊军营中的骚动声。希腊人全军拔营,战舰也扬帆离开了特洛伊附近的海面,向爱琴海方向驶去。饱受战火煎熬的特

第一章 神话故事

电影《特洛伊》剧照

洛伊将领和士兵们雀跃着走出城外，许多普通老百姓也跟着走了出来，特洛伊城内外传出了一片人们激动的欢呼声。

希腊人走了，但他们却在海滩上留下了一个巨大的木马。特洛伊人好奇地围着这只木马转来转去，弄不明白它到底是干什么用的。有人主张把它当作战利品拉进城去，有人建议把它烧掉或者推到海里。

正在议论纷纷的时候，人们突然发现木马下面竟躲藏着一个叫西农的希腊人。他对特洛伊人说："这只木马是希腊人献给雅典娜女神的礼物，它能使希腊坚不可摧。希腊人故意留下这只木马，是因为估计你们会毁掉它，这样一来，就会引起天神的愤怒。可如果把木马拉进城，特洛伊就将受到神的保护。希腊人为了防备这点，就把木马造得非常巨大，使你们无法拉进城去。"这一番话打动了特洛伊王，他吩咐放了那个希腊人，并且下令把木马弄进城去。

特洛伊城的祭司拉奥孔急忙赶来，边跑边喊："你们发疯了吗？你们为什么要相信这个骗子的话？这个木马会给特洛伊带来灾难的！快去搬些干树枝来，把木马烧掉！"人们正在犹豫不决的时候，忽然看到两条巨蛇悄无声息地从大海的波涛里钻出来，向拉奥孔的两个儿子扑去。拉奥孔跑过去想要救儿子，但那两条巨蛇太庞大也太凶猛，轻易地就把父子三人都缠住了。拉奥孔和他的儿子们拼命和巨蛇搏斗，但是很快就被缠得窒息而死。然后，巨蛇从容地钻到雅典娜女神雕像脚下，不见了。

这恐怖而又神秘的一幕把众人惊得目瞪口呆。人们不再犹豫，赶紧动手把木马拉进城内。但是木马实在太大了，城门口根本进不去，特洛伊人只好又推倒了一段城墙，这才把木马安置到雅典娜神庙附近。特洛伊城解了围，又得到献神的宝物，人们欢天喜地，庆祝这似乎从天而降的胜利，唱着跳着，喝光了一桶又一桶酒，才回家休息。

岂料希腊人只是佯装撤退。当晚半夜三更，茫茫大海的夜雾中突然闪现出灯光，希腊战舰向特洛伊疾驶而来。那个留下的间谍看到灯光，就赶紧跑到木马前敲了三下。木马里面隐藏着20名全副武装的希腊勇士，他们一个个从木马里跳了出来，迅速打开城门，卷土重来的希腊大军潮水般涌了进来，10年没有攻下的特洛伊城就这样在一夜之间被攻陷了。

讲故事

【讲读提示】

1. 希腊神话或传说大多来源于古希腊文学,包括如《荷马史诗》中的《伊利亚特》和《奥德赛》。希腊神话源于古老的爱琴文明,是西方文明的始祖,具有卓越的天性和不凡的想象力。在那原始时代,他们对自然现象,对人的生死,都感到神秘和难解,于是他们不断地幻想、不断地沉思。希腊神话故事经历了丰富的时代变迁和历史风云,几乎成为希腊乃至欧洲一切文学和艺术活动的基本素材。它从传说进入歌咏,从歌咏进入故事,从故事进入戏剧,最后进入通行全希腊的史诗,而且还在罗马文化中生根落户,成为全欧洲的文化宝藏。

2. 特洛伊城是小亚细亚西北部的一座古城。公元前12世纪末,古希腊人曾经远征到这里,和特洛伊人进行了10年战争。木马计的故事就发生在这次战争中。希腊人以为,世上的一切大事都是神安排的。他们给特洛伊战争也涂上了浓厚的神话色彩,说这场战争是神引起的,而且神也参加进去了。神性和人性交融的神话故事,能使我们更深刻地理解人和人生。

3. 我们编选了几则希腊神话故事,以期大家对世界文化宝库中的这一瑰宝有所了解。如果是故事课教学,则应根据学生们的年龄层次,做出调整和安排。因为年龄太小的孩子,理解这些故事还是有困难的。

六、盗火的普罗米修斯

传说地球上本没有火种,那时人类的生活非常困苦。没有火烧烤食物,只好吃生的东西,没有火来照明,就只好在那无边的黑暗中,度过一个又一个漫长的夜晚……

众神之王宙斯同意把火种给人类,但是他要求人类必须用一头牛来做献祭。

普罗米修斯想出一个妙计。给宙斯献祭的时候,普罗米修斯给宙斯的牛被分成两部分:第一部分是生的牛肉,但没有牛皮;第二部分是皮包着骨头,但是浇上了香香的牛油。宙斯一眼就识破了普罗米修斯的诡计,他生气地说:"我拒绝把最重要的东西给人类,那就是火!"

普罗米修斯为了给人类造福,就冒着生命危险,从太阳神阿波罗那里偷走了火种。主神宙斯站在奥林匹斯圣山上,发现人间烟火袅袅,立刻追查是谁盗走了天火。当他得知是普罗米修斯触犯了天规,便大发雷霆,决定要狠狠地惩罚他。

盗火的普罗米修斯

摘自人教版四年级语文课文

宙斯派天神用沉重的铁链把普罗米修斯锁在高加索山的悬崖绝壁上,让他经受烈日暴雨的折磨。就是这样,宙斯还觉得不解恨,又派了一只凶恶的鹫鹰,每天去啄食普罗米修斯的肝脏。可是,每当鹫鹰啄食以后,普罗米修斯的肝脏又会奇迹般地复原。

普罗米修斯忍受着巨大的痛苦,但他不后悔,也不屈服,情愿为人类而受苦。有一天,赫拉克勒斯为寻找赫斯珀里得斯来到这里。他看到恶鹰在啄食可怜的普罗米修斯的肝脏,于是便取出弓箭,把那只残忍的恶鹰从这位苦难者的肝脏旁一箭射落。然后他松开锁链,解放了普罗米修斯,带他离开了山崖。

但为了满足宙斯的条件,赫拉克勒斯把半人半马的肯陶洛斯族的喀戎作为替身留在悬崖上。虽然可以要求永生,但为了解救普罗米修斯,他甘愿献出自己的生命。

最后,普罗米修斯终于获得了自由。

【讲读提示】

1. 在希腊神话中,人类是提坦神普罗米修斯创造的。(普罗米修斯的含义是深谋远虑)他也充当了人类的教师,凡是对人有用的,能够使人类满意和幸福的,他都教给人类。同样的,人们也用爱和忠诚来感谢他,报答他。但最高的天神领袖宙斯(Zeus)却要求人类敬奉他,让人类必须拿出最好的东西献给他。普罗米修斯为人类辩护时触犯了宙斯。

2. 普罗米修斯是勇敢而富有同情心的神,他为人类盗来火种,自己甘愿忍受痛苦,受到人们的敬仰与怀念。

七、神农尝百草

上古时候,五谷和杂草长在一起,药物和百花开在一起,哪些粮食可以吃,哪些草药可以治病,谁也分不清。黎民百姓靠打猎过日子,天上的飞禽越打越少,地下的走兽越打越稀,人们就只好饿肚子。谁要生病,无医无药,更是九死一生。

老百姓的疾苦,神农氏瞧在眼里,疼在心头。怎样给百姓充饥?怎样为百姓治病?神农苦思冥想了三天三夜,终于想出了一个办法。第四天,他带着一批臣民,从家乡随州历山出发,向西北大山走去。他们走呀走呀,腿走肿了,脚起茧了,还是不停地走,整整走了七七四十九天,来到一个地方。只见高山一峰接一峰,峡谷一条连一条,山上长满奇花异草,大老远就闻到了香气。神农他们正往前走,

神农尝百草　李娜娴绘

讲故事

突然从峡谷窜出来一群狼虫虎豹,把他们团团围住。神农马上让臣民们挥舞神鞭,向野兽们打去。打走一批,又拥上来一批,一直打了七天七夜,才把野兽都赶跑了。那些虎豹蟒蛇身上被神鞭抽出一条条一块块伤痕,后来变成了皮上的斑纹。

这时,臣民们说这里太险恶,劝神农回去。神农摇摇头说:"不能回!黎民百姓饿了没吃的,病了没医的,我们怎么能回去呢!"他说着领头进了峡谷,来到一座茫茫大山脚下。

这山半截插在云彩里,四面是刀切崖,崖上挂着瀑布,长着青苔,又湿又滑,看来没有登天的梯子是上不去的。臣民们又劝他算了吧,还是趁早回去。神农摇摇头:"不能回!黎民百姓饿了没吃的,病了没医的,我们怎么能回去呢!"他站在一个小石山上,对着高山,上望望,下看看,左瞅瞅,右瞄瞄,打主意,想办法。后来,人们就把他站的这座小山峰叫"望农亭"。然后,他看见几只金丝猴,顺着高悬的古藤和横倒在崖腰的朽木,爬过来。神农灵机一动,有了!他当下把臣民们喊来,叫他们砍木杆,割藤条,靠着山崖搭成架子,一天搭上一层,从春天搭到夏天,从秋天搭到冬天,不管刮风下雨,还是飞雪结冰,从来不停工。整整搭了一年,搭了三百六十层,才搭到山顶。传说,后来人们盖楼房用的脚手架,就是学习神农的办法。

神农带着臣民,攀登木架,上了山顶。山上真是花草的世界,红的、绿的、白的、黄的,各色各样,密密丛丛。神农喜欢极了,他叫臣民们防着狼虫虎豹,他亲自采摘花草,放到嘴里尝。为了在这里尝百草,为老百姓找吃的,找医药,神农就叫臣民在山上栽了几排冷杉,当作城墙防野兽,并在墙内盖茅屋居住。后来,人们就把神农住的地方叫"木城"。

白天,他领着臣民到山上尝百草,晚上,他叫臣民生起篝火,他就着火光把这些草详细记载下来:哪些苦,哪些热,哪些凉,哪些能充饥,哪些能医病,都写得清清楚楚。

有一次,他把一棵草放到嘴里一尝,霎时天旋地转,一头栽倒。臣民们慌忙扶他坐起,他明白自己中了毒,可是已经不会说话了,只好用最后一点力气,指着面前一棵红亮亮的灵芝草,又指指自己的嘴巴。臣民们慌忙把那红灵芝喂到他嘴里。神农吃了灵芝草,毒气解了,头不昏了,会说话了。从此,人们都说灵芝草能起死回生。臣民们担心他这样尝草,太危险了,都劝他还是下山回去。他又摇摇头说:"不能回!黎民百姓饿了没吃的,病了没医的,我们怎么能回去呢!"说罢,他又接着尝百草。

他尝完一山花草,又到另一山去尝,还是用木杆搭架的办法,攀登上去,踏遍了这里的山山岭岭。他尝出了麦、稻、谷子、高粱等能充饥,就叫臣民把种子带回去,让黎民百姓种植,这就是后来的五谷。他尝出了三百六十五种草药,写成《神农本草》,叫臣民带回去,为天下百姓治病。

神农尝完百草,为黎民百姓找到了充饥的五谷,医病的草药,来到回生寨,准备下山回去。他放眼一望,遍山搭的木架不见了。原来,那些搭架的木杆,落地生根,淋雨吐芽,年深月久,竟然长成了一片茫茫林海。神农正在为难,突然天空飞来一群白鹤,把他和护身的几位臣民,接上天庭去了。从此,回生寨一年四季,香气弥漫。

为了纪念神农尝百草、造福人间的功绩,老百姓就把这一片茫茫林海,取名为"神农架"。把神农升天的回生寨,改名为"留香寨"。

【讲读提示】

1. 神农氏是三皇之一,本为姜水流域姜姓部落首领,他发明农具,教老百姓稼穑饲养、制陶纺织及使用火,使人们脱离了饥寒交迫、无医无药、颠沛流离的日子。因为功绩显赫,以火德称氏,故为炎帝,尊号神农,并被后世尊为中国农业之神。今天,海内外亿万人民皆以炎黄子孙自谓。

2. 神农尝百草,辨药性,造福人类,为后人世代景仰和纪念。

八、仓颉造字

相传仓颉在黄帝手下当官。黄帝分派他专门管理圈里牲口的数目、屯里食物的多少。可慢慢地,牲口、食物的储藏在逐渐增加、变化,光凭脑袋记不住了。仓颉犯难了。仓颉整日整夜地想办法,先是在绳子上打结,用各种不同颜色的绳子,表示各种不同的牲口。但时间一长久,就不奏效了。这增加的数目在绳子上打个结很便当,而减少数目时,在绳子上解个结就麻烦了。仓颉又想到了在绳子上打圈圈,在圈子里挂上各式各样的贝壳,来代替他所管的东西。增加了就添一个贝壳,减少了就去掉一个贝壳。这法子顶管用,一连用了好几年。黄帝

仓颉造字　蔡峰绘

见仓颉这样能干,叫他管的事情愈来愈多,年年祭祀的次数,回回狩猎的分配,部落人丁的增减,也统统叫仓颉管。仓颉又犯愁了,凭着添绳子、挂贝壳已不抵事了。怎么才能不出差错呢?

这天,他参加集体狩猎,走到一个三岔路口时,几个老人为往哪条路走争辩起来。一个老人坚持要往东,说有羚羊;一个老人要往北,说前面不远可以追到鹿群;一个老人偏要往西,说有两只老虎,不及时打死,就会错过了机会。仓颉一问,原来他们都是看着地下野兽的脚印才认定的。仓颉心中猛然一喜:既然一个脚印代表一种野兽,我为什么不能用一种符号来表示我所管的东西呢?他高兴地拔腿奔回家,开始创造各种符号来表示事物。果然,把事情管理得井井有条。黄帝知道后,大加赞赏,命令仓颉到各个部落去传授这种方法。渐渐地,这些符号的用法,全推广开了。就这样形成了文字。

讲故事

仓颉造了字，黄帝十分器重他，人人都称赞他，他的名声越来越大。仓颉头脑就有点发热了，眼睛慢慢向上移，移到头顶上去了，什么人也看不起，造的字也马虎起来。

这话传到黄帝耳朵里，黄帝很恼火。怎么叫仓颉认识到自己的错误呢？黄帝召来了身边最年长的老人商量。这老人长长的胡子上打了120多个结，表示他已是120多岁的人了。老人沉吟了一会儿，独自去找仓颉了。

仓颉正在教各个部落的人识字，老人默默地坐在最后，和别人一样认真地听着。仓颉讲完，别人都散去了，唯独这老人不走，还坐在老地方。仓颉有点好奇，上前问他为什么不走。

老人说："仓颉啊，你造的字已经家喻户晓，可我人老眼花，有几个字至今还糊涂着呢，你肯不肯再教教我？"

仓颉看这么大年纪的老人，都这样尊重他，很高兴，催他快说。老人说："你造的'马'字、'驴'字、'骡'字，都有四条腿吧？而牛也有四条腿，你造出来的'牛'字怎么没有四条腿，只剩下一条尾巴呢？"

仓颉一听，心里有点慌了：自己原先造"鱼"字时，是写成"牛"样的，造"牛"字时，是写成"鱼"样的。都怪自己粗心大意，竟然教颠倒了。

老人接着又说："你造的'重'字，是说有千里之远，应该念出远门的'出'字，而你却教人念成重量的'重'字。反过来，两座山合在一起的'出'字，本该为重量的'重'字，你倒教成了出远门的'出'字。这几个字真叫我难以琢磨，只好来请教你了。"

这时仓颉羞得无地自容，深知自己因为骄傲铸成了大错。这些字已经教给各个部落，传遍了天下，改都改不了。他连忙跪下，痛哭流涕地表示忏悔。

老人拉着仓颉的手，诚挚地说："仓颉啊，你创造了字，使我们老一代的经验能记录下来，传下去，你做了件大好事，世世代代的人都会记住你的。你可不能骄傲自大啊！"

从此以后，仓颉每造一个字，总要将字义反复推敲，还拿去征求人们的意见，一点也不敢粗心。大家都说好，才定下来，然后逐渐传到每个部落去。

【讲读提示】

1. 仓颉造字是中国古代神话传说之一。仓颉，称苍颉，复姓侯刚，轩辕黄帝史官，曾把流传于先民中的文字加以搜集、整理和使用，在汉字创造的过程中起了重要作用，他根据野兽的脚印研究出了汉字，为中华民族的繁衍和昌盛做出了不朽的功绩。但普遍认为汉字由仓颉一人创造只是传说，不过他可能是汉字的整理者，被后人尊为"造字圣人"。

2. 仓颉造字的传说在全国流传得很广泛。《淮南子·本经训》载："昔者仓颉作书而天雨粟，鬼夜哭"。《说文解字》序说："黄帝之史仓颉，见鸟兽蹄爪之迹，知今之可相别异也，构造书契。"由于仓颉造字的贡献实在太大，所以关于仓颉造字的传说和遗迹遍布黄河中下游许多地方。

九、盘古开天辟地

在很久很久以前,天和地是连在一起的,宇宙混沌未开,漆黑一团,好像一个大鸡蛋。人类的老祖宗盘古,就是在这黑暗混沌的大鸡蛋中悄悄地孕育着,成长着,呼呼地睡着觉,一直过了18000年。

有一天,盘古忽然醒来,他睁开了眼睛,四周黑暗一片,什么也看不见,他感到非常奇怪。黑暗使他闷得发慌,接着又是万分烦恼,他实在忍不住了,向旁边一抓,竟抓到了一把大斧子。于是,他拼尽全力,狠狠地向前劈去,随着山崩地裂般的一声巨响,那个曾孕育了他的混沌的大鸡蛋被他劈开了。

这个大鸡蛋中那些轻而清的东西,缓缓地向上升去,慢慢地变成了天,另外那些重而浊的东西,渐渐地沉下来,一点点地变成了地。天和地分开以后,盘古怕它们还会合拢,就头顶天,脚踏地,站在天地的当中,随着天的升高,地的加厚,盘古的身子也随之增长。就这样,18000年过去了,又过了18000年,天升得极高了,地变得极厚了,盘古的身子也随之长得极为高大。

那么,盘古到底长了多高呢?据说高达9万里。盘古成了巍峨的巨人。他就像一根无比高大的擎天柱,撑在天和地的中间,不让它们再重新合拢到一起,回到那混沌的黑暗中去。

他孤独地站立在那里,一年又一年,仿佛遗忘了时间。就这样,不知又过了多少年,天和地已经被固定住了,但此时的盘古已经累得筋疲力尽了,终于有一天,"轰"的一声,他倒在地上死去了。

盘古在临死的时候,周身发生了巨大的变化。他口中呼出的一团团气,变成了浮游的风和云;他发出的声音,变成了滚过天空的隆隆雷声;他的左眼睛变成了太阳;他的右眼睛变成了月亮;他的手足和身躯变成了大地的四极和五方的名山;他的血液变成了江河;他的筋脉变成了道路;他的肌肉变成了田地;他的头发和胡须变成了天上的

盘古开天地　剪雨绘

> 讲故事

星星;他的皮肤和汗毛变成了花草树木;他的牙齿、骨头、骨髓则变成了蕴藏在地底下的闪光的金属、坚硬的石头、美丽的珍珠和柔润的玉石;就连他身上的汗水也变成了无尽的雨露和甘霖。

这样,盘古开天地后,在他死的时候也没有忘记把自己的全部留给他开创出的天和地,他用自己的整个身体来使这新诞生的世界变得更加丰富和美丽。

【讲读提示】

1. 盘古开天辟地的故事,充满了神奇的想象,显然是古人对人类始祖的神化,他体现出中华民族向往光明,为造福人类社会无私奉献的伟大精神。

2. 是谁创造了人类社会?是劳动人民自己。劳动者在劳动中不断进化,他们用群体的智慧不仅创造了丰富的历史文化,也为后人留下来许多美好的传说。

十、女娲造人

盘古开天辟地以后,天上有了太阳、月亮和星星,地上有了山川草木,甚至有了鸟兽虫鱼,却单单没有人类。这世界不免显得有些荒凉寂寞。

不知道在什么时候,出现了一个神通广大的女神,叫作"女娲",据说她一天当中能够变化70次。有一天,女娲走在这片苍莽的原野上,看看周围的景象,感到非常孤独。她觉得在这天地之间,应该添一点什么东西进去,让它变得富有生气。

添一点什么东西进去呢?她一时也想不出来。

她一直走呀走呀,走得有些疲倦了,于是在一个池子旁边蹲下来。澄澈的池水照见了她的面容和身影:她笑,池水里的影子也向着她笑;她皱皱眉头,池水里的影子也向着她皱眉头。她猛然醒悟了,这天地之间不就是少了像自己一样的生物吗?那为什么不创造一种像自己的生物来加入这个世界呢?

这样想着,她顺手从池边抓起一团黄泥,掺和了水,在手里揉捏着,揉捏成了一个娃娃样的小东西。

女娲造人　韩硕绘

她把这个小东西放到地面上。奇迹出现了,这个泥捏的小家伙,刚一接触到地面,马上就拥有了生命,活了起来,并且一开口就喊:"妈妈!"接着就是一阵兴高采烈的跳跃和欢呼,表示他对于生命的欢乐。

女娲看着她亲手创造的这个聪明美丽的生物,又听见"妈妈"的喊声,不由得乐在心头,喜上眉梢。她给她创造的这可爱的小东西取了一个名字,叫作"人"。

人的身体虽然小,但据说因为是神创造的,相貌和举动也有些像神,和飞的鸟、爬的兽都不相同,看起来似乎更有一种管理宇宙的非凡气概。

女娲对于自己这优美的作品,感到十分满意。于是,她又继续用黄泥做了许多能说会走的可爱的小人儿。这些小人儿在她的周围欢呼跳跃,嘴里总是喊着:"妈妈!妈妈!"这使她精神上有说不出的高兴和安慰。从此,她再也不感觉到孤独和寂寞了。

于是,她又继续用黄泥做了许多能说会走的可爱的小人儿。她一直忙碌着,直到晚霞布满了天空,星星和月亮照耀着大地。夜深了,她只能把头枕在山崖上,略睡一睡,第二天,天刚微明,她又赶紧起来继续她的工作。

她一心想用这些灵敏的小生物来充满大地。但是,大地毕竟太广阔了,靠她一个人捏泥人,速度太慢,而她也已经忙碌得有些疲倦了,得想出一个提高效率的办法。想了好久,她终于想出了一个好主意,她从崖壁上拉下一根枯藤,伸入泥潭里,将水搅成浑黄的泥浆,向地面上这么一挥洒,泥点溅落的地方,就出现了许多叫着跳着的小人儿,和先前用黄泥捏成的小人儿没有两样。"妈妈,妈妈"的喊声,震响在周围。

用这种方法来进行工作,果然简单省事。藤条一挥,就有许多新的人出现,大地上不久就布满了人。

大地上虽然有了人类,女娲的工作却还没有终止。她又考虑着:人类终究是要死亡的,怎样才能让人类长久地生活在大地上呢,难道要死亡了一批再创造一批吗?这未免太麻烦了。

后来她终于想出了一个办法:就是把那些小人儿分为男女,让男人和女人结合起来,叫他们自己去创造后代,担负起养育婴儿的责任。这样,人类的种子就世世代代绵延下来,并且一天比一天在增多。

【讲读提示】

1. 这个神话故事讲的是开天辟地之后,有了日月星辰,有了山川草木、鸟兽虫鱼,单单没有人类,世界显得荒凉寂寞,于是就有了女娲造人这样的传说。

2. 马克思在谈到希腊艺术时曾指出:"任何神话都是用想象和借助想象以征服自然力,支配自然力,把自然力加以形象化……"由此可知,神话带有浓厚的幻想色彩。

3. 故事讲述了女娲造人的具体过程,表现了原始初民对人类自身来源的好奇、追索,以及在当时社会生活条件下所做出的极富想象力的解释。女娲是神,又有着人的心理和情感,正是这篇神话故事感人的地方。

> 讲故事

十一、十二门徒

在基督诞生前的300年时,一位母亲生了12个儿子。可是她是那样的贫困、潦倒,不知如何来养活这些儿子。

她天天向上帝祈祷,请他施恩,让她所有的儿子能和那预言要降临人间的救世主在一起。当她生活越来越窘困时,她就把儿子一个个从身边打发出去找活路。

从左至右:巴多罗买 小雅各 安得烈 犹大 彼得 约翰 耶稣 多马 雅各 腓力 马太 犹太 西门

最后的晚餐　达·芬奇作品

老大叫彼得,他已出门走了一整天,走了很远的路,最后进入了一片大森林。他想找一条出去的路,却再也找不着,反而越迷越深。加之他非常饥饿,几乎都站不起来了,他实在太虚弱了,只得躺下来,并深信死神就近在咫尺了。突然从他身边冒出了个小男孩,浑身上下闪着光,像天使一样和善。孩子拍了拍手,彼得只得抬起头望着他。只听小孩问道:"你为什么这般绝望地坐在这里?""唉!"彼得答道,"我正四处流浪,想找条活路,希望能见到那即将降临人间的救世主,那也是我最大的心愿。"孩子说:"那就跟我来吧!你的愿望会满足的。"他拉着可怜的彼得的手,领着他穿过悬崖,来到一个山洞前。他们走进山洞,里面全是金银水晶,一切都在闪闪发光。在洞的正中央有12个摇篮挨个儿排放着。小天使说:"躺到第一个摇篮里睡一会儿,我会摇你入睡的。"彼得照做了,天使边唱歌边轻轻晃动着他,最后摇他进入了梦乡。当他睡熟时,老二也被他的保护天使领来了,他也像哥哥一样被摇着进入了梦乡;接着其他兄弟一个接着一个都来了,直到最后,12个兄弟都躺在金色的摇篮里睡着了。他们睡啊,睡啊,一直到300年后的最后一个晚上,救世主降临了,那时他们醒了,最终和救世主在一起,成了人们所说的耶稣的"十二门徒"。

【讲读提示】

1.无论是否为基督教徒,世人对耶稣都耳熟能详。不管是耶稣钉在十字架上三天之后复活的故事,还是耶稣和他的"十二门徒"的故事,都已经家喻户晓。耶稣的"十二门徒"即是耶稣在传道布教的进程中,所收纳的十二名弟子。性格迥异,各有特点的这十二个人,使得"十二门徒"的故事更加丰富多彩。

2. 格林童话中"十二门徒"的故事其实源于耶稣"十二门徒"的启发,其中蕴涵着深刻的道德主题,浓缩了19世纪朴素的善恶观,这也成了格林童话的重要意义之一。在讲述中,应根据学生们的年龄段做出区分,如果是年龄太小的孩子,应该尽量选择浅显的内容和口语化的词语。

十二、失控的太阳金车

在古希腊神话中,太阳神阿波罗每天都要驾着由四匹神马拉着的太阳金车周天巡行,把光明和温暖带给全世界。

阿波罗的小儿子法厄同,很为父亲的威风而骄傲,常在小伙伴面前夸耀。可别的孩子都不相信他的话,反而嘲笑他冒充太阳神之子。法厄同生性倔强,一气之下千里迢迢赶到父亲的宫殿,恳求太阳神让他驾驶一天金车,以使世人相信他的确是阿波罗的儿子。因此事关系太大,起初太阳神说什么也不答应。无奈法厄同软磨硬泡,他只好把车子交给儿子,并嘱咐他千万要小心。

驾太阳马车的法厄同　德里钠·特斯曼绘

法厄同得意扬扬地驾驶着金车升上了天空。哪知那几匹马狂烈无比,小小的法厄同很快就驾驭不住了。结果太阳车偏离轨道,一会儿带着滚滚烈焰冲向众神的宫殿,一会儿又猛地向地面冲去,一大片美丽的森林顷刻间变成了撒哈拉大沙漠。宙斯震怒了,他用雷电将法厄同击出太阳金车,落到波河(意大利北部的一条大河)里。阿波罗赶紧收回这辆神车,天地间才重新恢复了秩序。

事后,宙斯念法厄同年幼无知,便答应阿波罗的请求,把他升到天上,化为御夫座。不但如此,还把他坠水而死的地方——波河也移到了天上,成为在南天蜿蜒曲折的波江座。可法厄同生前最好的朋友赛格纳斯出于对朋友的一片忠心,还整日在江边徘徊。宙斯就将他变为一只天鹅,让他在江面上来回飞翔,找寻他朋友的残肢,以尽他对朋友的忠诚。后来宙斯又将他提升到天界,这就是银河之中美丽的天鹅座。

【讲读提示】

1. 神话故事最大的特色就是神性和人性兼备,许多情节都是现实生活的写照。太阳神阿波罗也有慈父心肠,爱子心切的他把太阳金车交给了根本还不具备驾驭能力的儿子法厄同,看来溺爱孩子等于坑害孩子的故事,古今中外皆有之。

2. 此外从这个神话故事中,我们还了解了"波江座""御夫座"和"天鹅座"等星座的由来。知道了后人也常常把不听劝告、不自量力的人比喻为"法厄同"。

第二章 童话故事

一、金色的房子

田野里有一座小房子,红的墙,绿的窗,金色的屋顶亮堂堂,太阳一出来,照得一闪一闪地,漂亮极了。

有一个小姑娘,她住在金色的房子里。每天早晨,她提着一只花篮,到草地上去采花。

金色的房子　王荫荫绘

一天,姑娘又采花了,一只小羊跑过来对她说:"小姑娘,您早!您那金色的房子真好,红的墙,绿的窗,金色的屋顶亮堂堂!"

一只小鸟飞来对她说:"小姑娘,您早!您那金色的房子真好,红的墙,绿的窗,金色的屋顶亮堂堂!"

一只小狗跑来对她说:"小姑娘,您早!您那金色的房子真好,红的墙,绿的窗,金色的屋顶亮堂堂!"

一只小猴跑来对她说:"小姑娘,您早!您那金色的房子真好,红的墙,绿的窗,金色的屋顶亮堂堂!"

小姑娘听到小羊、小鸟、小狗、小猴都说她的房子好,心里真高兴,就带了小羊、小鸟、小狗、小猴一起唱歌,一起跳舞。

快到中午了,小姑娘要回家了,小羊、小鸟、小狗、小猴给她采了许多花,一直送她到金色的房子跟前。

小鸟说:"小姑娘,让我进去玩玩吧!"小姑娘说:"不行,你扑棱扑棱地乱飞,会把我的房子弄脏的。"

小狗说:"小姑娘,让我进去玩玩吧!"小姑娘说:"不行,你汪汪汪地叫,会闹得我睡不着觉。"

小猴和小羊说:"小姑娘,让我们进去玩玩吧!"

小姑娘说:"那更不行,你们啪嗒啪嗒地乱跑,会把我家的地板踩坏的。"

小姑娘说完了话,就自个儿走进房间去,"嘭——"的一声,关上了大门。

小姑娘在家里唱了一会歌,可是没人听她的;跳了一会舞,可是没人看她的。她觉得闷极了。

她打开窗户一瞧,小羊、小鸟、小狗、小猴在草地上玩得正热闹呢,小鸟飞着叫着,小狗跳着唱着,小猴骑在小羊的背上,像个猎人,多神气。

小姑娘悄悄地打开门,悄悄地走出去,悄悄地走进草地。

小羊看见她,说:"小姑娘,快来,快来,跟我们一起玩儿呀!"

小鸟看见她,说:"小姑娘,快来,快来,跟我们一起玩儿吧!"

小狗和小猴也都欢迎她。

小姑娘说:"请你们到我家里去玩吧!"

小鸟问她:"你不怕我弄脏你的房子?"

小姑娘摇摇头。

小狗问她:"你不怕我闹得你睡不着觉吗?"

小姑娘摇摇头。

小羊和小猴问她:"你不怕我们踩坏你家的地板吗?"

小姑娘又摇摇头。

大伙儿都高兴极了,一起跟着小姑娘到金色的小房子去。他们一起唱歌:"红的墙,绿的窗,金色的屋顶亮堂堂。"

【讲读提示】

1.这则故事内容贴近幼儿的生活,符合幼儿的生理和心理特征,他们都有强烈的好奇心,并且喜欢模仿。故事人物以小姑娘和小动物为主,是幼儿所喜欢的。故事使用重复手法,符合幼儿的说话特征。在让孩子们复述故事时,可采用分角色讲述和表演的方法。

2.通过这个故事的讲述与学习,让幼儿从中受到启迪,懂得待人接物的基本道理,懂得分享的快乐,并且得到语言表达的训练。

二、萝卜回来了

雪这么大,天气这么冷,地里、山上都盖满了雪。小白兔没有东西吃了,饿得很。

他跑出门去找东西吃。小白兔一面找一面想:"雪这么大,天气这么冷,小猴在家里,一定也很饿。我找到了东西,去和他一起吃。"

小白兔扒开雪,嘿,雪底下有两个萝卜,一个大,一个小。他多高兴呀!

讲故事

小白兔抱着萝卜,跑到小猴家,敲敲门,没人答应。小白兔把门推开,屋里一个人没有。原来小猴不在家,也去找东西吃了。

小白兔就吃掉了小萝卜,把大萝卜放在桌子上。

这时候,小猴在雪地里找呀找,他一面找一面想:"雪这么大,天气这么冷,小鹿在家里,一定也很饿。我找到了东西,去和他一起吃。"

小猴扒开雪,嘿,雪底下有几颗花生。他多高兴呀!

小猴带着花生,向小鹿家跑去。跑过自己的家,他看见门开着。他想:"谁来过啦?"

萝卜回来了　方轶群、李希桐作品

他走进屋子,看见萝卜,很奇怪,说:"这是哪来的?"他想了想,知道是好朋友送来的,就说:"把萝卜也带去,和小鹿一起吃!"

小猴跑到小鹿家,门关得紧紧的。他跳上窗台一看,屋子里一个人也没有。原来小鹿不在家,也去找东西吃了。

小猴就把萝卜放在窗台上。

这时候,小鹿在雪地里找呀找,他一面找一面想:"雪这么大,天气这么冷,小熊在家里,一定也很饿。我找到了东西,去和他一起吃。"

小鹿扒开雪,嘿,雪底下有一棵青菜。他多高兴呀!

小鹿提着青菜,向小熊家跑去。跑过自己的家,他看见雪地上有许多脚印,他想:"谁来过啦?"

他走近屋子,看见窗台上有个萝卜,很奇怪,说:"这是从哪来的?"他想了想,知道是好朋友送来给他吃的,就说:"把萝卜也带去,和小熊一起吃!"

小鹿跑到小熊家,在门外叫:"开门!开门!"屋子里没有人答应。原来小熊不在家,也去找东西吃了。

小鹿就把萝卜放在门口。

这时候,小熊在雪地里找呀找,他一面找一面想:"雪这么大,天气这么冷,小白兔在家里,一定也很饿。我找到了东西,去和他一起吃。"

小熊扒开雪,嘿,雪底下有一只白薯。他多高兴呀!

小熊拿着白薯,向小白兔家跑去。他跑过自己的家,看见门口有个萝卜,他很奇怪,说:"这是从哪来的?"他想了想,知道是好朋友送来给他吃的,就说:"把萝卜也带去,和小白兔一起吃!"

小熊跑到小白兔家,轻轻推开门。这时候,小白兔吃饱了,睡得正甜哩。小熊不愿吵醒他,把萝卜轻轻放在小白兔的床边。

小白兔醒来,睁开眼睛一看:"咦!萝卜回来了!"他想了想,说:"我知道了,是好朋友送来给我吃的。"

【讲读提示】

1.这是一篇讲述小动物相互关心的童话故事,故事以萝卜为线索,将小动物们把萝卜送给朋友分享的一个个情节,串联成一篇充满爱心和喜剧特色的故事。

2.故事采用反复式的结构,类似情节一而再、再而三地出现,其中描述小动物心理活动的语句既有重复,又有不一样的内容,既有助于幼儿掌握复述,又对他们有一定的新鲜感,这种方式,使幼儿能清楚明了地记忆和发展他们的想象力,符合中班幼儿思维的特点,因而可以很好地被幼儿接受。

3.故事所反映的"关心他人""与人分享"的情感主题,正是当今孩子所缺失的一种美好情感,因为独生子女的家庭结构以及充斥利益因素的快节奏社会生活,让现在大多数幼儿都缺乏"心系他人"和"与人分享"的情感体验,进而形成了孩子的"霸道""自私"。愿这个温暖的故事能给人们带去温暖。

三、粗心的邮递员

青蛙哥哥很会跳远,当他连着跳的时候,人家跑起来也赶不上他。他说:"呱——,我去当邮递员吧!送报送信一定很快!"

青蛙哥哥就当上了邮递员,每天背着一个大邮袋,给池塘里的居民们送报送信。可是,因为青蛙哥哥是跳着送报送信的,他跳一步,就会跳过好几家人家,所以他送的报和信总是出错。大

来自六一儿童网幼儿故事《粗心的邮递员》

家给他提意见,青蛙哥哥就说:"送错了,那有什么关系,你们自己分一下那不就得了!"

青蛙哥哥还是跳着送信送报,跳到哪里算哪里。大家摇头说:"唉,真没办法!"

有一天,青蛙哥哥在送信的时候,看到一位美丽的青蛙小姐,就爱上她了。青蛙哥哥想:"给她送一朵花吧!"

他买了一朵漂亮的鲜花,像送信一样,跳着给青蛙小姐送去了。结果,像送信一样,这花也送错了,送到青蛙小姐隔壁的蛤蟆老太太家里去了。

这一下,青蛙小姐当然很生气,再也不理青蛙哥哥了。后来,青蛙哥哥不当邮递员了,因为邮局不要他了。

【讲读提示】

1.这是一篇有着明确的象征性和教育性的童话故事。故事中的青蛙哥哥总是跳

着蹦着去送信,所以老把信送错。这样的情节体现出童话形象中"人性"和"物性"相统一的特性。在劝诫讽喻的同时,又不失其真实性和趣味性。

2. 在讲述中,应该使用稍稍夸张些的语调。特别是故事的结尾,青蛙哥哥把想送给青蛙小姐的花,送到蛤蟆老太太那里去了!更应该用起伏多变的曲折语调,以表达故事的趣味和寓意。

四、桃树下的小白兔

远远的,滚来一个雪球。

哟,不是雪球,是一只小白兔,连蹦带跳地跑了过来。

老桃树摇着树枝说:"小白兔,你就住在我这儿吧!这儿多美呀,有草地,有鲜花,还有一条小溪,整天叮叮咚咚弹着琴。"

小白兔点点头,就在老桃树的树根旁边挖了一个洞,住了下来。

一天,小白兔跑到水塘边,一瞧,水塘上映着蓝天、白云,咦,怎么还有一片粉红色的东西。

小白兔抬头一望,原来是一树桃花。暖和的风吹过,花瓣落了下来,好像下着一场粉红色的雪。

小白兔捡起花瓣,想起许多好朋友。

"我要把这些花瓣寄给我的朋友。"

小白兔在每一个信封里装进一片花瓣,再把信往天上一撒,说:"飞吧,飞吧,飞到朋友的身边去!"

老山羊正在看书,小白兔的信飞来了。

老山羊拆开信封,一片花瓣轻轻落在他的书上。

"啊,这是一张书签哪!往后,我一翻开书,就能看见这张书签,有多好呀!"

小猫望着天空,她在想心思:明天是她的生日,得打扮地漂漂亮亮的,要是有只好看的发夹,那有多美。

小白兔来信了,那是一片花瓣。

小猫乐得跳了起来:"这正是我想要的发夹,还是粉红色的哩!"

小松鼠坐在树枝上,听妈妈给他讲故事。

小白兔来信了。

小松鼠见到那粉红色的花瓣,嚷着说:"这是一把小扇子吗?真好,真好!妈妈,

小白兔捡起花瓣,想起许多朋友。
她把花瓣装进信封,然后往天上一撒,说:"飞吧,快飞到朋友们的身边去。"

桃树下的小白兔　冰波、汪芳作品

到了夏天,你给我讲故事的时候,   给你扇凉风。"

小鸡们有了一顶太阳帽,那就是小白兔寄来的花瓣。他们春游去,这顶太阳帽,你戴一会儿,我戴一会儿,你和我都变得更美丽了。

"睡吧,我的宝贝……"金龟子妈妈唱着摇篮曲。

可是小金龟子老是睡不着,原来那果壳做的摇篮太硬了。

就在这时候,小白兔来信了。金龟子妈妈看见那片花瓣,说:"这是小宝贝的摇篮呀!"

小金龟子躺在新的摇篮里,软软的,还有点香味呢,他一会儿就睡着了。

小蚂蚁也收到了小白兔寄来的花瓣。他说:"这是一只小船呀!我正好乘了它到水塘对岸去搬粮食去。"

粉红色的小船,在水塘里漂呀,漂呀,风儿吹得它轻轻打转,真好玩。

【讲读提示】

1.这是一个意境优美的童话,充满了诗情画意和丰富有趣的想象。故事题目本身,就是一幅色彩绚丽的图画,为孩子提供了想象的空间。作为老师,一定要善于引导和启发,使孩子们从日常生活中感受美、发现美,借助美好的事物表达美好的情意。

2.故事同时提供表达想法和学习词汇的机会,为幼儿积累更多的经验,使幼儿成为想说、敢说、会说的孩子。

五、小羊和狼

一只小羊正在河边喝水,一只狼走过来说:"这河里的水是我的,你为什么喝我的水!"

小羊说:"这河里的水是山上流下来的,大家都可以喝,怎么说是你的呢?"

狼说:"我说是我的就是我的!你喝了我的水,晚上我要来吃掉你!"

狼说完了就狠狠地摇着尾巴走了。

小羊回到家里,想起狼说晚上要来吃他,就坐在门口哭起来了。

一只小花猫走来,看见小羊在哭,就问:"小羊,你为什么哭啊?"

小羊说:"狼说今天晚上要来吃我。"

小花猫说:"不要紧,晚上我来帮助你。"小花猫说完就走了。

小羊还坐在门口哭。

一只小黄狗走来,看见小羊在哭,就问:"小羊,你为什么哭啊?"

小羊说:"狼说今天晚上要来

小羊和狼　　慧文绘

讲故事

吃我。"

小黄狗说:"不要紧,晚上我来帮助你。"小黄狗说完就走了。

小羊还坐在门口哭。

一匹马走来,看见小羊在哭,就问:"小羊,你为什么哭啊?"

小羊说:"狼说今天晚上要来吃我。"

白马说:"不要紧,晚上我来帮助你。"白马说完就走了。

小羊还坐在门口哭。

一只大象走来,看见小羊在哭,就问:"小羊,你为什么哭啊?"

小羊说:"狼说今天晚上要来吃我。"

大象说:"不要紧,晚上我来帮助你。"大象说完就走了。

到了天黑的时候,小花猫、小黄狗、白马、大象都来了。大家在一起商量怎样来帮助小羊。

小花猫说:"小羊,你到外边找个地方藏起来,我躲在灶台上,狼来了,找不到小羊,他一定会到火炉这边来点火,那时候,我就用爪子抓他。"

小黄狗说:"狼被小花猫抓了,一定会往外跑;我躲在门口,等他出来的时候,我就咬他。"

白马说:"狼被小黄狗咬了,一定会往房子后边跑;我躲在房子后边,等他跑来的时候,我就踢他。"

大象说:"我站在大树底下,等狼从大树旁边逃跑的时候,我就用鼻子把他卷起来扔到河里去。"

大家商量好了。小羊藏到外边的大树后面,小花猫跳上了灶台,小黄狗蹲在门背后,白马躲在房子后边,大象站在大树底下。大家一声也不响,静静地听着声音。

不大一会儿,老狼"吧嗒吧嗒"地走来了。老狼走进屋子里。屋子里黑洞洞的,什么也看不见。他就到火炉那儿点火。

小花猫跳起来,用它发亮的眼睛看准老狼的脸就是一爪子。老狼吓坏了,"嗷"的一声,转身就往外跑。小黄狗从门背后蹿出来,看准老狼的腿就是一口。老狼疼得"嗷嗷"地叫着,想绕到房子后边逃走。这时候,白马抬起腿来,看准老狼狠狠地踢了一脚,把老狼踢得滚好远,一直滚到大树那儿。小羊也勇敢地从树后面冲出来,用他尖尖的角,对准老狼顶了一下。

老狼被小花猫抓了一爪子,被小黄狗咬了一口,被白马踢了一脚,又被小羊顶了一下,摔在地上站也站不起来了。

这时候,大象用鼻子把老狼卷起来,"呼"的一声,把老狼扔到很远很远的大河里去了。老狼淹死在水里,再也不能来吃小羊了。

【讲读提示】

1. 这是一篇充满童真趣味的童话故事。故事采用了重复式的结构,一遍遍地让小猫、小狗、小马和大象重复对小羊说的话:"别害怕,晚上,我来帮助你!"使得故事充满稚拙的童趣。

2. 小伙伴们各司其职,各有所长,齐心协力战胜了凶恶的大灰狼。故事主题简单明朗,质朴友爱。讲述中语调应该亲切、轻松而又富有变化。

六、鼠妈妈的生日礼物

鼠妈妈要过生日啦,小老鼠们和鼠爸爸这会儿正在商量给鼠妈妈送一份什么样的生日礼物。

鼠弟弟说:"妈妈每天都帮我洗澡,就送她一瓶沐浴露吧。"

鼠妹妹说:"妈妈天天都帮我洗衣服,就送她一包洗衣粉吧。"

鼠哥哥说:"妈妈天天都帮我们做好吃的,就送她一个锅吧。"

鼠妈妈的生日礼物　杨涤江绘

鼠姐姐说:"妈妈天天都打扫房子,就送她一把新扫帚吧。"

鼠爸爸不同意:"你们妈妈每天要做那么多的事情,我们该送她一件特别的礼物,真该让她歇一歇了。"

是呀,今天是妈妈的生日,是该让妈妈高兴高兴,鼠宝宝们都在静静地想着。

这时候,鼠妈妈提着一篮子鸡蛋回来了。

啊,有了,就做个大蛋糕吧!鼠宝宝们想到一起了。

大家忙开了,和面的和面,打蛋的打蛋,调味的调味。不一会儿,蛋糕做好了,就等把它放到烤炉里去烤了。

趁大家洗手的时候,鼠弟弟偷偷地溜到蛋糕旁。他想,蛋糕多好吃呀,我在上面加一点面粉,做出来的蛋糕就会大一点,不就能多吃一点了吗?于是他悄悄地往蛋糕上加了一把面粉。

鼠妹妹也偷偷地溜了进来,她的想法跟鼠弟弟一样,于是,蛋糕又多了一把面粉。

鼠哥哥、鼠姐姐的想法也一样,结果,蛋糕越来越大。

当鼠爸爸把蛋糕送进烤箱时,鼠宝宝们不吵不闹,安安静静地等待着妈妈的生日礼物发出香味呢!

哇,好大一个蛋糕呀!当鼠妈妈看到这份生日礼物时,激动得快掉眼泪了。

鼠爸爸切下一大块蛋糕,鼠宝宝们把蛋糕送到妈妈嘴边:"妈妈,快尝一尝,甜不甜,香不香?""甜!又香又甜!甜到心里头了。"鼠妈妈一边尝着,一边笑眯眯地说。

可是,当鼠爸爸和鼠宝宝们吃蛋糕时,发现蛋糕既不香又不甜,这是怎么一回事呀?哦,都怪馋嘴的鼠宝宝们各自在蛋糕上加了一大把面粉!

那么,为什么鼠妈妈吃得津津有味呢?原来,鼠妈妈想到这是心爱的小宝宝们和鼠爸爸给自己做的礼物呀,还未吃到嘴里,心里已经甜透了!

【讲读提示】

1. 这是一个充满爱的故事,主要讲述了鼠妈妈过生日的时候,小老鼠给妈妈送礼物的情节。

2. 这也是一个甜蜜、温馨和充满了趣味的故事。不但体现了妈妈对孩子们的爱,更体现了孩子们对妈妈的爱。同时也能使孩子们懂得,怎样以合适的方式去表达自己的爱。

3. 在讲述中,声音要轻松、愉悦,充满甜蜜的爱意。

七、小象转学

小象贝托在大象学校上学。有一天,他气呼呼地跑回家,长鼻子里喷着气,对象妈妈说:"大象学校太糟糕了,成天教我们搬木头,把我们累得半死,我要到别的学校上学!"

象妈妈把贝托送到猫咪学校去。猫老师教贝托抓老鼠。老鼠们在贝托脚边跳来跳去,贝托笨手笨脚地踩呀踩,可是怎么也踩不着。他又用长鼻子去卷,可老鼠们一跳,就跳到他的鼻子上,在那上面跳起舞来。一只淘气的小老鼠还钻进他的鼻孔里,慌得他连打了好几个喷嚏才把小老鼠赶出去。

来自腾讯儿童频道幼儿故事《小象贝托转学记》

贝托不喜欢猫咪学校,象妈妈又把他送到猴子学校去。

猴老师教贝托学爬树,可贝托的身子太笨重,他刚刚爬到树干上就滑了下来,怎么也上不去。

"猴子学校没意思!"贝托对妈妈说,"公鸡打鸣儿很好听,我还是到鸡学校去上学!"

公鸡老师教贝托学打鸣。贝托拼命拉长他的短脖子,憋着嗓门想叫"喔喔喔!"可他发出的是粗嗓音"噢噢噢"。

贝托又改变主意了,他说:"学公鸡打鸣太难了。马儿跑起来多威风!我还是到马儿学校去吧!"

马老师教贝托跑步,说:"跑步的时候要撒开蹄儿,跑得要像云那么轻,风那么快。"贝托跑了起来,"咚!咚!咚!"他那粗笨的脚踩在地面上,就像在打鼓。他刚跑一会儿就累坏了,不停地喘粗气。贝托不好意思地对妈妈说:"妈妈,看来,不管学什么都不容易噢,我还是回到大象学校上学吧!"

这回,贝托认真学习搬木头,终于学会了。只见他用长鼻子把树干一卷,使劲儿一拔,大树就被拔了下来。接着,他又把一根根木头堆在一起,用长鼻子卷着,运出了树林。

大伙都说:"贝托干得真不错,真是大象学校的好学生!"

贝托高兴地翘起长鼻子,眯着眼睛笑了。

【讲读提示】

1. 这个故事告诉我们家长和小朋友,在学校不努力学习,这山看着那山高,在哪个学校都会是一样的。小象重回大象学校,得到了进步和夸奖,并且变得快乐坚强,是多么好的事情啊!小朋友想要学好一样东西,就得向小象学习!

2. 讲述中注意各种拟声词的发音,比如公鸡打鸣的声音,马儿跑步的声音,小象跑不动的声音,等等。语气语调要富于变化。

八、小猪盖房子

猪妈妈有三个孩子,老大叫呼呼,老二叫噜噜,还有一个老三叫嘟嘟。有一天,猪妈妈对小猪说:"现在,你们已经长大了,应该学一些本领。你们各自去盖一座房子吧!"三只小猪问:"妈妈,用什么东西盖房子呢?"猪妈妈说:"稻草、木头、砖都可以盖房子,但是草房没有木房结实,木房没有砖房结实。"三只小猪高高兴兴走了。走着,走着,看见前面一堆稻草。老大呼呼忙说:"我就用这稻草盖草房吧。"呼呼的草房只花了三个小时就盖好了。老二噜噜和老三嘟嘟一起向前走去,走着,走着,看见前面有一堆木头。老二噜噜连忙说:"我就用这木头盖间木房吧。"噜噜的木房在三天内也盖好了。老三嘟嘟还是向前走去,走着,走着,看见前面有一堆砖头。嘟嘟高兴地说:"我就用这砖盖间砖房吧。"于是,嘟嘟一块砖一块砖地盖起来。不一会儿,汗出来了,胳膊也酸了,嘟嘟还不肯歇一下。花了三个月时间,砖房终于盖好啦!红墙红瓦,真漂亮。小猪嘟嘟乐开了花。

山后边住着一只大灰狼,它听说来了三只小猪,哈哈大笑说:"三只小猪来得好,

三只小猪　两颗牙绘

正好让我吃个饱!"大灰狼来到草房前,叫小猪呼呼开门。呼呼不肯开。大灰狼轻轻地吹了一下,草房就倒了。呼呼急忙逃出草房,边跑边喊:"大灰狼来了!大灰狼来了!"木房里的噜噜听见了,连忙打开门,让呼呼进来,又把门紧紧地关上。

大灰狼来到木房前,叫小猪噜噜开门。噜噜不肯开。大灰狼用力撞一下,小木房摇一摇。大灰狼又用力撞了一下,木房就倒了,呼呼和噜噜急忙逃出木房,边跑边喊:"大灰狼来了!大灰狼来了!"砖房里的嘟嘟听了,连忙打开门,让呼呼和噜噜进来,又紧紧地把门关上。

大灰狼来到砖房前,叫小猪嘟嘟开门,嘟嘟不肯开。大灰狼用力地撞一下,砖房一动也不动,又撞了一下,砖房还是一动也不动。大灰狼用尽全身力气,对砖房重重地撞了一下,砖房还是一动也不动。大灰狼头上撞出了三个疙瘩,四脚朝天地跌倒在地上。大灰狼还是不甘心,看到房顶上有一个大烟囱,就爬上房顶,从烟囱里钻进去。三只小猪忙在炉膛里添了许多柴,烧了一锅开水。大灰狼从烟囱里钻进去,结果跌进热锅,被开水烫伤了。从此,它再也不敢来捣乱了。

老大呼呼高兴地对嘟嘟说:"盖草房虽然最省力,但是很不结实,以后我要多花力气盖砖房。"老二噜噜也高兴地对嘟嘟说:"盖木房也不结实,以后我也要多花力气盖砖房。"嘟嘟看着两个哥哥,坚定地点点头说:"好,让我们一起来盖一座大的砖房,把妈妈也接来,大家一起住吧!"

【讲读提示】

1. 这是个著名的英国童话,这个故事构思简洁,主题鲜明,告诉我们要为长远打算,否则就会有不好的后果。

2. 这个故事也教育孩子做人要勤劳肯干、聪明机智、乐于助人。

3. 讲述中语气应舒展亲切,语调要富于变化。讲到狼来了那一段时,应加快语速,以烘托紧张的气氛。

九、大象滑梯过生日

儿童游戏场里有个大象滑梯。他的鼻子是滑板,尾巴是梯子,腿是木头柱子,身子是架子。小朋友们从他的尾巴爬上来,站在他的背上,又从他的鼻子滑下去。

大象滑梯刚睡醒,就忙着打电话了。电话机是一朵红红的喇叭花,电话线是一根青青的藤儿。藤儿爬过了墙头,墙那一边是动物园。

大象滑梯就是跟动物园的动物小朋友小猴、小猫、小狗、小兔……打电话。

大象滑梯说:"喂,动物小朋友们,今天是我的生日。晚上,游戏场没有人,你们过来玩好不好?"

那边,动物小朋友们回答:"好,我们一定来!"

"欢迎!欢迎!本来我该拿好吃的东西招待你们,可我什么也没有,实在对不起!对了,你们大概没有坐过滑梯吧?现在,可以在我的鼻子上滑个痛快。"

"坐滑梯?哎呀,那一定很好玩!"动物小朋友们一听,都乐得又蹦又跳。大家爬到大象滑梯身上来,"哧溜"滑下去,滑了一遍又一遍。

玩着玩着,动物小朋友们忽然想起来:"哎呀,今天是大象滑梯的生日,咱们怎么没给他送礼物呢?"

小金丝猴说:"别慌!我家里有果子,我马上回去拿!"

小松鼠说:"我有松果。"

小兔说:"我有一个很大很大的红萝卜。"

大象滑梯一听,笑了,说:"哈哈,谢谢你们!可我是不吃东西的。从生下来那天起,我就没吃过东西。"

小狗想了想,说:"那么,我把肉骨头送给你,你可以敲着玩。"

小松鼠说:"我把松果送给你,你可以把它当小球儿滚着玩。"

大象滑梯又笑了,说:"不,我天天都很忙,没有工夫玩。从生下来那天起,我就一动不动地站在这里。"

那送什么礼物呢?还是小金丝猴主意多,他说:"大象滑梯身上脏了,他自己又不能动,咱们帮他洗个澡吧,把他洗得干干净净的。"

"好啊!"大伙儿都同意了。

大家就抬了一桶水,帮大象滑梯洗澡。没有抹布怎么办?别急,他们都有尾巴呢。大家用毛茸茸的尾巴,把大象滑梯擦了又擦……

第二天,幼儿园小朋友们又到儿童游戏场来玩了。他们一看,哎呀,今天大象滑梯怎么这样漂亮!只见他笑眯眯地站在那儿,身上油绿油绿的,就像刚刚上过漆一样,太阳照在上面,发着亮光。

啊,多可爱的大象滑梯!

【讲读提示】

1. 这个童话故事内容浅显、有趣,适合讲给中班或小班的小朋友们听。在讲述中可采用提问、插问等方式,也可以安排小朋友们分角色来表演故事。

2. 故事里的小动物们都那样充满了爱心,讲完了这个故事,老师也可以适时引导孩子们,要爱护我们身边的小动物,要爱护大象,人与自然要和谐相处。

十、迷路的小鸭子

谁给高高的山顶披上了红纱巾?噢!太阳落山了,留下一片红艳艳的彩霞。田野静悄悄,河边静悄悄,风儿凉了,树林里暗了,黑夜要来了。

"呜呜呜,我要回家……"小鸭子迷路了,哭得好伤心。"不哭,不哭,小鸭子,我送你回家。"小白兔跑过来,亲热地抱住小鸭子。小鸭子笑了:"嘎嘎嘎……""告诉我,你的家住在哪儿?""有水的地方,我的家就在那儿。"小白兔领小鸭子来到小河边。河水哗哗流,鱼儿水中游,可这里没有小鸭子的家。

"呜呜呜,我要回家……""不哭,不哭,小鸭子,我来帮助你。"小青蛙跳过来,眼睛睁得溜溜儿圆。"告诉我,你妈妈叫什么名字呀?""叫妈妈。"小青蛙发愁了,到哪儿去

讲故事

找呢?

"小鸭子,我送你回家。"小鹅摇摇摆摆走来。"告诉我,你爸爸叫什么名字?""叫爸爸。"小鹅没主意了,这可怎么找呢?

"小鸭子,我送你回家。"小松鼠从树上跳下来。"告诉我,你叫什么名字呀?""叫妈妈的宝贝。"小松鼠叹口气,不知道该怎么办。

"呜呜呜,我要回家……"小鸭子又哭起来。

小鸟儿飞来,给小鸭子擦眼泪。"别急,别急,小鸭子,我能找到你的家。"小鸟儿飞呀飞,飞到西,飞到东,一路上不停地打听:"谁知道?谁知道?哪位鸭妈妈丢了小宝宝?红嘴巴红脚、一身黄绒毛……"

老牛听了哞哞叫:"谁家丢了鸭宝宝?"
山羊听了咩咩叫:"谁家丢了鸭宝宝?"
白马听了咴咴叫:"谁家丢了鸭宝宝?"
黄狗听了汪汪叫:"谁家丢了鸭宝宝?"
花猫听了喵喵叫:"谁家丢了鸭宝宝?"

"我的孩子,跑出去那么远,你找到了什么呀?"
"我找到了许多好朋友。"
小鸭子仰着头,跺着脚,快活地嘎嘎叫。

迷路的小鸭子　葛翠琳、朱世芳作品

哞哞哞、咩咩咩、咴咴咴、汪汪汪、喵喵喵,一声低,一声高,东呼西唤好热闹。鸭妈妈急急忙忙跑来了,"哎呀呀,我家丢了鸭宝宝……"

小鸭子见了妈妈嘎嘎叫,带着眼泪拍手笑,跑起来,摇啊摇,跑得急,摔一跤,滚到妈妈身边又撒娇:"妈妈,妈妈,我从很远很远的地方回来了……"

"我的孩子,跑出去那么远,你找到了什么呀?""我找到了许多好朋友。"小鸭子仰着头,跺着脚,快活地嘎嘎叫。

【讲读提示】

1.这是一个温暖又有趣的故事。小鸭子迷路了,不知道妈妈在哪儿,但是小鸭子遇见很多想要帮助自己的热心人。故事充满了稚拙的童趣。

2.孩子的世界就应该充满质朴和童真。我们要用爱心,用想象和优美动听的声音,去给孩子们营造这样的氛围。

十一、聪明的乌龟

一只狐狸,肚子饿得咕咕叫,它东奔西跑地找东西吃,看见一只青蛙正在捉害虫,心里想,先拿这只青蛙当点心,填填肚子也好。

狐狸一步一步轻轻地跑过去,再跑上两步就要抓到青蛙了,可是,青蛙正在捉害虫,一点儿也不知道。

聪明的乌龟　　张世明绘

这只乌龟看见了,它急忙伸长脖子,一口咬住狐狸的尾巴。

"哎哟,哎哟,谁咬我的尾巴?"狐狸叫了起来。

乌龟回答了吗?没有。它张嘴说话,不是就放了狐狸吗?乌龟不说话,一个劲儿地咬住狐狸的尾巴不放。

青蛙听见背后狐狸在叫,就连蹦带跳地跑到池塘边,"扑通"一声跳到水里去了。

狐狸没吃到青蛙,气坏了,回过头来一看,"啊,原来是一只乌龟,我没吃到青蛙,就吃乌龟也行。"

乌龟可聪明了,把头一缩,缩到硬壳里去了。狐狸没咬着它的头,就去咬它的腿,乌龟又把四条腿一缩,缩到硬壳里去。狐狸没咬着它的腿,一看,还有条小尾巴呢,就去咬它的小尾巴,乌龟再把小尾巴一缩,也缩到小硬壳里去了。

狐狸实在饿慌了,就去咬乌龟的硬壳壳,"嘎嘣,嘎嘣",咬得牙齿都发酸了,还是咬不动。

狐狸说:"乌龟,乌龟,我要把你扔到天上去,'啪嗒'一下摔死你。"

乌龟说:"谢谢你,谢谢你,你扔吧,我正想到天上去玩玩呢!"

狐狸说:"乌龟,乌龟,我要把你扔到火盆里去,'呼啦'一下烧死你。"

乌龟说:"谢谢你,谢谢你,你扔吧,我身上发冷,正想找个火盆来烤烤火呢!"

狐狸说:"乌龟,乌龟,我要把你扔到池塘里去,'扑通'一下淹死你。"

乌龟听到狐狸这么一说,"哇"的一声哭了:"狐狸,狐狸,你行行好,千万别把我扔到池塘里去,我最怕水,掉在水里就没命了!"

狐狸才不理它呢,抓起它的硬壳壳,走到池塘旁边,"扑通"一声,把乌龟扔到水里去了。

乌龟下了水,就伸出四条腿来,划呀,划呀,一直划到青蛙身边。两个好朋友,一边笑,一边说:"狐狸,狐狸,你还想吃我们吗?说呀,说呀!"

狐狸气昏了,身子一纵,向青蛙和乌龟扑去,"扑通"一声,掉到池塘里去了。青蛙和乌龟看见水面上冒了一阵子气泡,再没看见狐狸露出水面来。

【讲故事】

【讲读提示】

1. 这是一篇寓意很强,语言角色对比鲜明,形象生动的故事。通过故事中乌龟与狐狸的有趣对话,使孩子们懂得遇到困难和危险的时候,要机智、勇敢、动脑筋,想办法解决问题。

2. 讲述中语气语调要富于变化,用声音来突出乌龟与狐狸的不同心理与性格,营造情境感。

十二、萤火虫找朋友

夏天的晚上,萤火虫提着小灯笼在草丛里飞来飞去。它在干吗呢?它在找朋友。萤火虫连一个朋友都没有。跟好多朋友在一起玩儿,多快活呀!

萤火虫也想要朋友。它就提着小灯笼到处找。萤火虫飞呀飞,听见草丛里有响声。它用小灯笼一照,看见一只小蚂蚱。小蚂蚱急急忙忙一直往前跳。萤火虫就叫:"小蚂蚱,小蚂蚱!"小蚂蚱停住了脚步,问:"干什么?"萤火虫说:"你愿意做我的朋友吗?"小蚂蚱回答:"我愿意!"萤火虫高兴地说:"那你就和我一起玩吧!"小蚂蚱说:"好的,一会儿我就跟你一起玩。现在我要去找小弟弟,不知跳到哪儿去了,天黑了还不回家。妈妈很着急。你来得正好,帮我照照路吧!"萤火虫说:"我不能给你照路,我要去找朋友!"说完它提着灯笼飞走了。

萤火虫找朋友 孙幼军、赵晓宇绘

萤火虫飞呀飞,听见草里有响声,它用小灯笼一照,看见一只小蚂蚁。小蚂蚁背着一个大口袋,一直往前跑。萤火虫就叫:"小蚂蚁!小蚂蚁!"小蚂蚁问:"干吗呀?"萤火虫说:"你愿意做我的好朋友吗?"小蚂蚁说:"我愿意。"萤火虫说:"那你就跟我一起玩吧!"小蚂蚁说:"一会儿我就跟你玩,现在我要把东西送回家。我迷路了,你来得正好,帮我照照路吧!"萤火虫说:"我不能给你照路,我要去找朋友!"它说完就又提着小灯笼飞走了。

夏天的晚上,萤火虫提着小灯笼在草丛里飞来飞去。它在干吗呀?它在找朋友。为什么它老找不到呢?

【讲读提示】

1. 这是一篇经典的幼儿童话故事,采用循环重复的方式,讲述了萤火虫找朋友的过程。使孩子们懂得,只有真心帮助别人,才能交到好朋友,感受交到朋友的快乐。

2. 简单快乐的故事,使生活也简单快乐。通过故事课的学习,使孩子们学会简单的交往语言和适宜的交往方式。还可以学习小动物的语言,练习流利的、有语气的对话。

第三章 寓言故事

一、陶罐和铁罐

国王的御厨里有两只罐子：一只是陶的，一只是铁的。骄傲的铁罐看不起陶罐，常常奚落它。

"你敢碰我吗？陶罐子！"铁罐傲慢地问。

"不敢，铁罐兄弟。"谦虚的陶罐回答说。

"我就知道你不敢，懦弱的东西！"铁罐摆出一副轻蔑的神气。

"我确实不敢碰你，但不能叫作懦弱。"陶罐不卑不亢地说，"我们的任务是盛东西，并不是来互相碰撞的。在完成我们的本职任务方面，我不见得就比你差。再说……"

"住嘴！"铁罐愤怒地喝道，"你怎敢和我相提并论！你等着吧，要不了几天，你就会破成碎片，完蛋了！我却永远在这里，什么也不害怕。"

"何必这样说呢，"陶罐说，"我们还是和睦相处好，吵什么呢！"

"和你在一起我感到羞耻，你算什么东西！"铁罐说，"我们走着瞧吧，总有一天，你要变成碎片的！"

陶罐不再理会。

时间不断地向前推移，世界上发生了许多事情，王朝覆灭了，宫殿倒塌了。两只罐子被遗落在废墟里。历史在它们的上面积满了渣滓和尘土，一个世纪连着一个世纪。

也不知过了多少年月。终于有一天，人们来到这里，掘开厚厚的堆积，发现了那只陶罐。

"哟，这里头有一只罐子！"一个人惊讶地说。

"真的，一只陶罐！"其他的人也跟着高兴地叫起来。

大家把陶罐捧起，把它身上的泥土刷掉，擦洗干净，和当年在御厨的时候完全一样：朴素、美观、釉黑锃亮。

"一只多美的陶罐！"一个人说，"小心点，千万别把它弄破了，这是古代的东西，很有价值的。"

"谢谢你们！"陶罐兴奋地说："我的兄弟铁罐就在我的旁边，请你们把它掘出来吧，它一定闷得够受了。"

人们立即动手，翻来覆去，把土都掘遍了。但，一点铁罐的影子也没有。——它，不知在什么年代便氧化了。人们只发现几块锈蚀不堪的铁片,而且不能断定那是否是铁罐的残余。

道理:用自己的强项去比人家的弱点是不应该的,人家也会有比你强的地方。

【讲读提示】

1.这则故事讲的是国王御厨里的铁罐自恃坚硬,瞧不起陶罐。埋在土里许多年以后,陶罐出土成为文物,铁罐却化为泥土,不复存在。故事告诉人们,每个人都有长处和短处,要善于看到别人的长处,正视自己的短处,相互尊重,和睦相处。

2.在讲述中,要注意用截然不同的语气语调来塑造陶罐和铁罐的不同性格和形象。叙述的语调和角色的语调也要注意区分。

二、大鱼和小鱼

在辽阔的深海里,住着数不清的鱼,更多的是大鱼的天下。

大鱼们凭着自己健壮魁伟的身躯,威风凛凛地占据着深海地区,不让小鱼们介入。

小鱼们心里难过极了,心想:海洋是我们大家的乐园,为什么不让我们随意游玩呢?大鱼们不过是仗势欺人。

有一天,一群小鱼又游到了大鱼们霸占的地区,小鱼们刚想走,一群大鱼围了上来,七嘴八舌地嚷着:"你们这些小鱼,真是自不量力,难道你们也配和我们为伍吗?"

小鱼们缩着身子,不知该怎么办才好。

正在这时,突然间感到天地一片昏暗,海水被激起很大的浪花,只听"砰"的一声巨响,原来是渔民撒下的网,把它们一股脑儿全罩在了网里。

网里的大鱼小鱼都惊慌地嚷了起来。

"怎么办呀!我们被网套住了。"

"我们这次肯定没命了!"

大鱼们更是难受了,平时在宽敞的海洋里自由自在,这回被套进渔网,你挤我,我撞你的,简直连转身都困难。

小鱼们此刻却已经冷静下来。它们

大鱼和小鱼　王磊绘

交头接耳地商量着对策。然后,在大鱼之间的空隙中窜来窜去,一会儿就游到了网套的边上。

小鱼们在网边上找到网眼稍大一点儿的地方,一个个全挤了出来。

大鱼们看到小鱼挣脱了渔网,也学着小鱼的样子,在网眼处使劲挤,但哪里挤得出来。

【讲读提示】

1. 这则故事告诉我们：生活在社会大家庭里，人们应该友好相处，不可以大欺小，以强凌弱，要知道，强者有强者的优势，弱者有弱者的智慧，谁都不要轻视别人，抬高自己。一个人忘乎所以，自高自大的时候，也就是危险降临的时候。

2. 天下不会掉馅饼，不劳而获的东西，看起来似乎不费任何代价，实际上往往潜伏着危机。

三、狐狸和仙鹤

一天，狐狸请仙鹤吃饭，可他却很吝啬，端出一只平底的小盘子，盘子里盛了一点儿肉汤，他还连声说："仙鹤大姐，别客气，请吃吧，吃吧！"

"别客气，快点尝尝吧。"仙鹤伸出又长又尖的嘴巴，从玻璃瓶里灵活地叼出一条鱼，津津有味地吃起来。

狐狸和仙鹤 东方宝宝·绘本刊

仙鹤一看，非常生气，因为她的嘴巴又尖又长，盘子里的肉汤一点也没喝到。可狐狸呢，张开他那又阔又大的嘴巴咕噜咕噜没几下，就把汤喝光了，还假惺惺地问仙鹤："您吃饱了吧！我烧的汤，不知合不合您口味？"

仙鹤对狐狸笑笑："谢谢您的午餐，明天请到我家吃饭吧！"

狐狸正等着这句话呢，连忙说："好的，明天中午我一定去，一定去。"

狐狸一心想在仙鹤家多吃点儿，这天晚饭没吃，第二天早饭也没吃，饿着肚皮，早早来到仙鹤家等着吃午饭了。狐狸一进仙鹤家的门就闻到一股香味儿。他仔细嗅了嗅："嗯，准是在烧鲜鱼！"心里不由得暗暗高兴。

狐狸坐到饭桌前，不一会儿，仙鹤端出一只长颈瓶子放到狐狸面前，指着瓶子里的鱼和鲜汤说："狐狸先生，请吃吧，别客气！"狐狸望着那么一点大的瓶口，他那阔嘴巴怎么也伸不进去。闻着香味，肚子饿得咕咕叫，馋得直流口水。

狐狸什么也吃不到，只能看着仙鹤把又尖又长的嘴巴伸进瓶子里，把鱼吃了，汤喝光，还挺客气地劝狐狸："吃吧，放开吃吧！"

狐狸耷拉着脑袋，饿着肚皮回家了。

【讲读提示】

1. 这个故事告诉我们，做事要为别人着想，不能只想着自己。只有你为别人着想，别人才会为你着想,你才会得到快乐。

2. 其实,对于寓言故事的寓意,应该鼓励孩子们自己去探究和思考,不要一上来就告诉他们,这个故事说明了什么道理。孩子们如果能从另外的角度,得出不同的看法,那真是值得肯定和褒奖的。比如这个故事还可以这样理解:一个人贪婪自私又狡猾的本性是难以改变的,永远不要指望狐狸变黄牛,永远不要与虎谋皮。

四、小男孩和钉子

有个小男孩脾气很坏,他的父亲决定帮助他改掉坏脾气。一天,父亲给了他一大包钉子,要求他每发一次脾气,就用铁锤在他家后院的栅栏上钉一颗钉子。第一天,小男孩在栅栏上钉了 16 颗钉子。

过了几个星期,他发现,不发脾气比往栅栏上钉钉子要容易些。慢慢地,小男孩学会了控制自己的坏情绪,每天在栅栏上钉钉子的次数渐渐少了。到后来,小男孩变得不爱发脾气了。

他把自己的转变告诉了父亲。父亲又建议:"你如果能坚持一整天都不发脾气,就从栅栏上拔下一颗钉子。"经过一段时间,小男孩终于把栅栏上所有的钉子都拔掉了。

父亲拉着他的手来到栅栏边,亲切地说:"儿子,你做得很好。但是,你看看那些钉子在栅栏上留下的小孔,栅栏再也不会是原来的样子了。当你向别人发过脾气之后,你的言语就像这些钉孔一样,会在别人的心灵中留下疤痕。这就好比用刀子刺向他人的身体,即使把刀子拔出来,那伤口也会永远存在。"

小男孩明白了,口头上对人造成的伤害与伤害人的身体没什么两样。

【讲读提示】

1. 在这个故事中,钉钉子代表小男孩对别人发脾气,拔钉子代表他对自己的行为表示歉意,钉子洞代表他的所作所为在别人心里留下的阴影。这个故事告诉我们,一定要学会克制自己,不要让自己的任性、肆意,给别人造成无法抚平的伤痛。

2. 借助通俗易懂的故事,来阐明深奥复杂的道理,是寓言故事最大的特点。所谓寓意于言,就是让我们多听训诫,少走弯路,成就智慧通达的人生。

五、鹰和鸡

为了充分享受灿烂的白天风光,
一只鹰飞向高空云端,
一直游到
发生电闪雷鸣的地方,
最后,鸟王从云层高处下降,休息在烘谷房上。
尽管这个地方对鸟王来说太不相称,
但是鸟王自有它自己的脾气。

也许,它要使烘谷房远近闻名,
或者因为附近并没有合身的栖息地方。
既没有橡树,也没有花岗石岩壁;
我不知道这到底什么意思,这只鹰
刚刚在这烘谷房上
稍稍栖息一会,马上又飞到另一个烘谷房。
一只抱窝的凤头母鸡看到了这光景,
就跟它的亲家这样嘀咕:
"鹰凭什么得到如此的荣光?
难道是凭它的飞行本领?亲爱的邻居?
得了吧,老实讲,如果我高兴,
我也会从一个烘房顶飞到另一个烘房顶。
我们从此再不要这样愚蠢,
再去把鹰吹捧得比我们还高明。
不论鹰的腿还是眼睛都不比我们更厉害。
你马上就可以亲眼看清,
它们也在低处飞,同鸡一般高。"
被这种胡说八道弄得心烦,鹰回答道:
"你说得不错,可是并不全面。
鹰有时飞得比鸡还要低,
然而鸡永远也飞不到九天云霄!"

【讲读提示】

1. 这则故事选自俄罗斯《克雷洛夫寓言》,克雷洛夫被普希金称赞为"最有人民性的诗人"。他的寓言都以诗体写成,语言优美、寓意深刻,常借动物和植物等形象,反映广泛的社会生活,刻画社会上各种人物的复杂性格,抒发自己的民主思想,具有一种特殊的感染力。《克雷洛夫寓言》在世界上有着广泛声誉,在作家生前就被译成十余种文字,而现在则已有五六十种,有的被收入教材,因此它的影响是深远的。

2. 故事告诉我们,当你面对比你强的人的时候,不要徒费心思去吹毛求疵,而要看到别人的长处,看到你需要学习的地方。

3. "鹰有时比鸡飞得低,但鸡永远不能飞得像鹰那样高。"这句富有哲理性的名言也经常被人们引用。

六、葡萄园里的珍宝

在山的南边,住着一个老农夫和他的三个儿子。这个老农夫有一大片的葡萄园,每年都会长许多紫红色、甜美多汁的大葡萄。可是老农夫年纪大了,体力渐渐衰弱,再也不能到园里工作,而他的三个儿子虽然已经成年,却十分懒惰,眼看着园子一天天地

> 讲故事

荒芜了。

临终前,他把三个儿子叫到身边,对他们说:"我的孩子们,在葡萄园里,我埋藏着一批珍宝,你们生活困难时就挖出来补贴家用吧。"说完他就去世了。儿子们见父亲已死,立即找来锄犁,挖的挖,耕的耕,翻土三尺,可是始终也没有找到那批财宝,而整座葡萄园由于他们的耕、挖等于来了一次精耕细作。虽然他们没有找到意外之财,而土地却给了他们奖赏。第二年,葡萄获得了大丰收。

每颗葡萄都圆滚滚的,像一颗颗紫红色的大珍珠发出耀眼的光芒。三兄弟高兴极了,他们把一部分葡萄运到镇上去卖,一部分酿成了葡萄酒,赚了一大笔钱。

农夫和他的儿子们

"虽然没有找到珍宝,但把园子松了土总是对的!"老三开心地说道。

老二说:"现在我总算明白父亲的用心了!其实他是要咱们辛勤劳动,这样才能收获无数珍宝。"

老大感慨地说:"你们看,那满园的葡萄不就像珍宝吗,它们是那样的闪亮、美丽!"

【讲读提示】

1. 这则故事选自《伊索寓言》。老农夫面对三个懒惰成性的儿子,巧用计谋,使他们明白勤劳致富的道理。

2. 故事寓意还在于,有多少付出就有多少收获,有辛勤的耕耘才有丰硕的成果。想不劳而获,天上掉馅饼,是不可能的。故事的象征性和劝诫性是显而易见的,在讲述中应该娓娓道来,不疾不徐,富于情境感,突出故事情节的趣味性。

七、三个小金人

曾经有个小国到中国来,进贡了三个一模一样的金人,金碧辉煌,把皇帝高兴坏了。可是这小国不厚道,同时出一道题目:这三个金人哪个最有价值?

皇帝想了许多的办法,请来珠宝匠检查,称重量,看做工,都是一模一样的。怎么办?使者还等着回去汇报呢。泱泱大国,不会连这个小事都不懂吧?最后,有一位退位的老大臣说他有办法。

皇帝将使者请到大殿,老臣胸有成竹地拿着三根稻草,插入第一个金人的耳朵里,这稻草从另一边耳朵出来了。第二个金人的稻草从嘴巴里直接掉出来,而第三个金人,稻草进去后掉进了肚子,什么响动也没有。老臣说:第三个金人最有价值!使者听了默默无语,这个答案是正确的。小朋友们,你们知道为什么吗?

【讲读提示】

1. 这个故事告诉我们,最有价值的人,不一定是最能说的人。老天给我们两只耳朵、一个嘴巴,本来就是让我们多听少说的。善于倾听,才是成熟的人最基本的素质。懂得沉默和守口如瓶,才是更有头脑的人。

2. 在初次讲述这个故事时,不妨设计一些悬念和提问,让大家都来思考,三个一模一样的小金人,到底哪个更有价值呢?

八、北风和太阳

北风和太阳是很要好的朋友,可这天,它们却为一件事你一言我一语地吵了起来。

"我最厉害,人们都怕我。"北风骄傲地说。太阳也不示弱:"大地万物都离不开我温暖的阳光。"

吵来吵去,谁也不服气,那就来较量较量吧。

北风看见路上有一个行人,便提议说:"这样吧,我们也别争了,如果谁能让行人先脱下衣服,谁就更厉害。"太阳愉快地答应了。

北风和太阳 彭国良、王立生绘

北风立即冲上去,对着行人猛烈地吹了起来,行人却把身上的衣服裹得更紧了。

不服气的北风使出更大的力气"呼呼"地吹着。没想到,行人反而从包里又拿出来件厚衣服穿上。

这时,太阳走过来将温暖的阳光照在行人的身上,行人立即脱掉了添加的衣服。当太阳发出更强烈的阳光时,流汗的行人不仅脱光了衣服,还跳进了河里去洗澡。

最后当然是太阳胜利了。

【讲读提示】

1. 这则故事给我们的启发是,待人处事不是使用蛮力,给人逼迫,就能成功,就能获胜。疾言厉色或者使用暴力,是无法令人心服口服的。如果像太阳那样给人温暖的照耀,或者像春风化雨,润物无声,才能让人心生欢喜、心悦诚服,才是最终的胜利者。

2. 同一则寓言故事,从不同角度可以得出不同的理解,应该鼓励大家多多思考和联想,说出自己的感受和见解。

3. 讲述中应该注意拟声词的发音,北风一次比一次刮得猛烈,要通过对声音的描摹表现出来。

九、青蛙和大雁

两只大雁和一只青蛙在水平如镜的湖边同住了很久,他们相亲相爱,就像一家人一样。

后来天旱,湖水干枯没水喝了。大雁想飞到有水的地方去,但舍不得把青蛙留下来。

青蛙和大雁　芊帝香君绘

"怎么办?"大雁和青蛙商量着说。青蛙想了想说:"用一根小绳子,你们衔着两头,我衔在当中,我们一起飞到有水的地方去。"

大雁同意了。

它们在空中飞了起来。飞过几个蒙古包的时候,有人看见了。人们惊讶地喊道:"大雁带着青蛙飞行,真有办法!"青蛙心想:"这是我想的办法。"

又飞到了有很多蒙古包的上空,更多的人看见。人们齐声赞美地喊道:"大雁带着青蛙飞行,谁想出这么好的办法!"青蛙更得意了,它差一点喊出来:"这是我想的办法呀!"

又往前飞到了有更多蒙古包的上空,更多更多的人看见了。人们赞不绝口:"大雁带着青蛙飞行,想出这个办法的人真聪明。"青蛙再也憋不住了,终于张开了大嘴。

结果,青蛙从空中掉下来,活活地摔死了。

【讲读提示】

1. 这个故事告诉我们,无论做任何事情,都不要存着虚荣心,要多想事情的后果,看清事情的本质,这样才能把事情做好。自我标榜,看重名利,付出的将是惨重的代价。

2. 故事情节简单而又有趣,特别是对青蛙心理活动的刻画,可信而又可笑。寓言故事本来就是对人类生活的折射,很多时候,我们都能从中看到自己的影子。

十、空花盆

从前有个国王,年纪很大了。他决定挑选一个孩子当未来的国王。

一天,全国各地挑选出来的孩子都聚集到王宫。国王给每个孩子发了一粒花籽,让他们种在自己的花盆里。三个月后,谁种出的花最美丽,谁就当新国王。

有一位叫阿信的小男孩也领取了花籽。他把花籽种到花盆里,天天浇水,可一周过去了,什么也没有长出来。他很着急。又一周过去了,还是不见动静。就这样,他不断地浇水、施肥、换土,可三个月后,花盆里还是什么也没有长出来。

到了约定的时间,孩子们一齐来到国王面前,他们一个个都捧着一盆花,有红的,有黄的,有白的,都很美丽。

可是,国王看着这些孩子,却皱起了眉头,一句话也不说。他边走边看,忽然看见一个孩子手里捧着一个空花盆,低头站在那里,显得很伤心。这个孩子就是阿信。国王走过去,问他:"孩子,你的花盆里怎么没开花啊?"阿信哭起来了,说:"我把花籽种在花盆里,每天用心浇水,可是花籽怎么也不发芽。我……我只好捧着空花盆来了。"

国王听了,高兴地笑起来。他说:"找到了!找到了!我就是要找一个诚实的孩子做新国王。"原来,国王发给孩子们的花籽是煮过的,怎么可能发芽、开花呢!

【讲读提示】

1. 这个故事告诉我们,诚实才是一个人最宝贵的品德。我们每个人,都要做一个讲诚信的人,不能为了达到自己的目的而不择手段。

2. 讲述中,应该尽量避免平铺直叙,而是要想办法把故事讲得一波三折。比如多设计插问和悬念,多一些补充和发挥。在故事最后,可以这样启发孩子们:阿信是捧着空花盆来见国王的,可是小朋友们一定知道,最美的花是开在哪里的呢?

十一、鼹鼠的本领

田野中有一种小动物,名叫鼹鼠。他非常骄傲,经常向别的动物夸耀自己,说他有五种本领:会飞、会跑、会游泳、会爬树,还会打洞。大家都不相信地摇着头。

鼹鼠把鼻子一嗤,竖着耳朵说:"空口说白话,不算好样的,我这就表演给你们看!"当然这五种本领他都会。大家只好承认他。

有一回,鼹鼠又在给别的动物摆弄自己的本领,突然跑来一只猎狗。别的动物,能飞的都飞了;能跑的都跑了;会游泳的钻到水里去了;会爬树的,三下两下爬上了树梢;会打洞的,迅速把自己隐藏起来。可是,鼹鼠却慌了手脚。飞吧,飞不到一尺高;游泳吧,连浅浅的小河都游不过去;爬树吧,又爬不上树顶;跑吧,腿短身体胖,从来没跑快过;挖土打洞吧,连自己的身体也埋不住呢。

正当鼹鼠慌慌张张不知如何是好的时候,被猎狗一口叼走了。鼹鼠名义上学会了五种本领,实际上一种也不精通,等到用的时候,一样也不过硬。

【讲读提示】

1. 故事里的鼹鼠是个滑稽可笑的形象,好显摆,爱吹嘘,夸耀自己这也会那也会。这不当危险来临,马上自己打脸了,他夸耀的本领,在关键时刻,没有一样能拿来救命。

2. 故事寓意简单明确,给人们的训诫也很清晰:艺不在多而在精。无论做什么事,都要更加潜心而专业,而不是为了沽名钓誉,装点门面。

3. 注意语气语调的变化,尽量避免单调枯燥的"念字式"或"念经式"讲述。

讲故事

十二、兔子换牙

有一天,兔子跑到仙鹤大夫面前。"亲爱的大夫,你是治牙的专家,请你给我换一副假牙吧!"

"你的牙不是好好的吗?为什么要换牙?"

"好倒是好,可就是太小了",兔子说,"请你给我安上像狮子那样的尖牙!"

"你要狮子那样的尖牙干什么呢?"仙鹤大夫问。

"我要和狐狸较量较量。"兔子说,"我不愿意一见到他就逃跑,得让他一见我就逃才好呢!"

仙鹤笑了笑,给兔子安上了两颗狮子那样的尖牙,简直像真的一样,看起来特别吓人!

"啊,好极了!"兔子照照镜子,高兴地叫着,"我现在就去找狐狸!"

兔子在树林中跑来跑去,四处寻找狐狸。这时,狐狸从树丛后面跳出来,正朝兔子迎面走来。兔子一看见狐狸,立刻撒腿逃跑。他跑到仙鹤大夫面前:

"仙鹤大夫,给我把牙换了吧!"

"这副牙不好了吗?"

"不是牙不好,就是太小了,你还有没有更大的牙?"

"有也没用,"仙鹤大夫说,"小兔子,你应该找大夫给你换换心才好,必须把你的兔子心摘出来,换上一颗狮子心才行。"

【讲读提示】

1.这是一则古老的俄罗斯寓言故事。为了避免枯燥沉闷的说教,才产生了寓言这种文学艺术形式。每则故事都承载着说理的任务。所以,趣味性和哲理性的统一与融合,才能使寓言故事散发魅力,为人们所喜欢和接受,并从中受到教益。

2.在故事课中,我们应该知道,绘声绘色、生动有趣的讲述,才是合乎情理和要求的,所以要掌握口语表达中的诸如轻重、快慢、停连等技巧的综合运用,突出寓言故事中有情有景的部分,这样才能更好地引导孩子们理解故事寓意,并且提高自己的语言表达能力。

3.《兔子换牙》中,兔子的心理活动被刻画得多么逼真啊!正如仙鹤大夫所说,兔子要换的不是牙,而是心哪!任何事情,如果不是质的改变,又有什么意义呢?

第四章 民间故事

一、阿诗玛

阿诗玛是传说中的美人形象，她是撒尼人心目中冰清玉洁的姑娘，她象征着纯洁的友谊和爱情，石林的撒尼人世代相传着阿诗玛的故事。

从前在阿着底这个地方，贫苦的格路日明家生下了一个美丽的姑娘，阿爹阿妈希望女儿像金子一样发光，因此给她取名阿诗玛。阿诗玛渐渐地长大了，像一朵艳丽的美伊花。"绣花包头上戴，美丽的姑娘惹人爱，绣花围腰亮闪闪，小伙子看她看花了眼。"阿

阿诗玛　段立欣、沉宏绘

诗玛能歌善舞，那清脆响亮的歌声，经常把小伙子招进公房。她绣花、绩麻样样能干，在小伙子身旁像石竹花一样清香。在这年火把节的日子里，阿诗玛向阿黑吐露了真情，愿意终身相许，立誓不嫁旁人。

阿黑是个勇敢聪明的撒尼小伙子。他的父母在他12岁时，被土司虐待相继死去。他被财主热布巴拉抓去，在他家服劳役。一天，他为主人上山采摘鲜果迷了路，在密林大箐中挨冻受饿，受尽了惊骇，因怕主人责骂，不敢回去。正在这时，他遇到了放羊的小姑娘阿诗玛，她把阿黑领回家，阿黑被阿诗玛的阿爹、阿妈收养为义子。从此，阿黑和阿诗玛，两小无猜，相亲相爱。渐渐地，阿黑长成了大小伙子，他的性格像高山上的青松，断得弯不得，成了周围撒尼小伙子的榜样。人们唱歌夸赞他道"圭山的树木青松高，撒尼小伙子阿黑最好，万丈青松不怕寒，勇敢的阿黑吃过虎胆。"

阿黑十分勤劳，很会种庄稼。他在石子地上开荒种苞谷，苞谷比别人家长得旺，苞谷穗也比别人家长得长。他上山砍柴，比别的小伙子砍得多。他从小爱骑光背马。他调理的马，骑起来矫健如飞。他弯弓射箭，百发百中。他的义父格路日明，把神箭传给了他，使他如虎添翼。阿黑喜欢唱歌，他的歌声特别嘹亮。他喜欢吹笛子和弹三弦，他吹的笛声格外悠扬，他弹的弦子格外动听，不知吸引过多少姑娘。这年火把节，阿诗玛与阿黑互相倾吐了爱慕之情以后，这对义兄妹便双双定了亲。

一个街子天，阿诗玛前去赶街，被阿着底财主热布巴拉的儿子阿支看中了，他要娶

讲故事

阿诗玛做媳妇。他回到家央求父亲热布巴拉，要父亲请媒人为他提亲。热布巴拉早就听说过阿诗玛的美名，他马上答应了儿子的请求。他请了有权有势的媒人海热，立即到阿诗玛家说亲。海热到了阿诗玛家，用他那麻蛇般的舌头，夸热布巴拉家如何如何好，怎么怎么富，阿诗玛嫁过去怎样怎样享福……阿诗玛听了之后说："热布巴拉家不是好人家，他家就是栽起鲜花引蜜蜂，蜜蜂也不理他，清水不和浑水一起趟，绵羊不能伴豹狼。"阿诗玛的回答，气恼了海热，他威胁道："热布巴拉家是阿着底地方有钱有势的人家，热布巴拉的脚踩两踩阿着底的山都要摇三摇，阿诗玛要是不嫁过去，当心丢了家。"阿诗玛不管海热怎样威胁利诱，就是九十九个不嫁。

　　转眼间，秋天到了，阿着底地方水冷草枯，羊儿吃不饱肚子，阿黑要赶着羊群到很远的滇南去放牧。临走时，阿黑向阿诗玛告别，他们互相勉励，互相嘱咐，依依不舍。阿黑走后，热布巴拉起了歹心，便派了打手家丁如狼似虎地抢走了阿诗玛。想让阿诗玛磕了头，吃了酒，来了客，生米做成熟饭，让阿诗玛不嫁也得嫁。阿诗玛忠于她与阿黑的爱情，她被抢到热布巴拉家以后，在热布巴拉夫妇的威逼利诱面前，始终不从，拒绝与阿支成亲。财主捧出金银财宝，指着谷仓和牛羊对阿诗玛说："你只要依了阿支，这些都是你的。"阿诗玛瞧也不瞧，轻蔑地说："这些我不稀罕，我就是不嫁你们家。"阿支绷着瘦猴似的脸，眨巴眼睛恶狠狠地骂道："你不答应嫁给我，就把你家赶出阿着底！"阿诗玛毫不畏惧地说："大话吓不了人，阿着底不属于你一家的。"热布巴拉见阿诗玛软硬不吃，恼羞成怒，他命令家丁用皮鞭狠狠地抽打阿诗玛，把她打得遍体鳞伤。热布巴拉的老婆诅咒阿诗玛是"生来的贱薄命，有福不会享"。阿诗玛被关进了黑牢，但她坚信，只要阿黑知道她被关在热布巴拉家，一定会来搭救她。

　　一天，阿黑正在牧羊，阿着底报信的人找到了他，向他诉说了阿诗玛被抢的消息。阿黑闻讯后，很为阿诗玛的安危担心，他立刻跃马扬鞭，日夜兼程，跨山涧，过险崖，从远方赶回家来搭救阿诗玛。他来到热布巴拉家门口，阿支紧闭铁门不准进，提出要与阿黑对歌，唱赢了才准进门。阿支坐在门楼上，阿黑坐在果树下，两人对歌对了三天三夜。阿支缺才少智，越唱越没词，急得脸红脖子粗，声音也变得像癞蛤蟆叫似的，越来越难听了；而有才有智的阿黑，越唱越起劲，脸泛笑容，歌声响亮。阿黑终于唱赢了，阿支只得让他进了大门。但阿支提出种种刁难，要和阿黑赛砍树、接树、撒种，这些活计阿支哪有阿黑熟练，阿黑件件都胜过了阿支。热布巴拉眼看难不住阿黑，便生出毒计，皮笑肉不笑地假意说："天已经不早了，你先好好睡一觉，明天再送你和阿诗玛一起走吧！"阿黑答应住下，被安排睡在一间没有门的房屋里。半夜，热布巴拉指使他的家丁放出三只老虎，企图伤害阿黑。阿黑早有准备，当老虎张开血盆大口向他扑来时，他拿出弓箭，对准老虎"嗖嗖嗖"连射三箭，射死了老虎。第二天，热布巴拉父子见老虎死了很惊异，再也无计可施，理屈词穷，答应放回阿诗玛。当阿黑走出大门等候时，他又立即关闭大门，食言抵赖，不放出阿诗玛。

　　阿黑忍无可忍，立刻张弓搭箭，连连射出三箭。第一箭射在大门上，大门立即被射开；第二箭射在堂屋柱子上，房屋震得嗡嗡响；第三支箭射在供桌上，震得供桌摇摇晃晃。热布巴拉吓慌了,连忙命令家丁拔下供桌上的箭。可是,那箭好像生了根,没有一个人能够拔得下。他只好叫人打开黑牢门,放出阿诗玛,向她求情道:"只要你把箭拔下来,我马上就放你回家。"阿诗玛鄙夷地看了热布巴拉一眼,走上前去,像摘花一样,轻轻拔下箭。然后同阿黑一起,离开了热布巴拉家。

热布巴拉父子眼巴巴看着阿黑领走了阿诗玛,心中很不服气,但又不敢去阻拦。心肠歹毒的热布巴拉父子不肯罢休,又想出丧尽天良的毒计。他们知道,阿黑和阿诗玛回家,要经过十二崖子脚,便勾结崖神,要把崖子脚下的小河变大河,淹死阿黑和阿诗玛。热布巴拉父子带着家丁,赶在阿黑和阿诗玛过河之前,趁山洪暴发把小河上面的岩石扒开放水。正当阿黑和阿诗玛过河时,洪水滚滚而来,阿诗玛被卷进漩涡,阿黑只听到阿诗玛喊了声"阿黑哥来救我",就再也没听见她的声音,没看见她的踪影了。

阿诗玛不见了,阿黑挣扎着上了岸,到处寻找阿诗玛。他找啊找,找到天放晴,找到大河又变成小河,都没有找到阿诗玛。他大声地呼喊:"阿诗玛!阿诗玛!阿诗玛!"可是,只听到那十二崖子顶回答同样的声音:"阿诗玛!阿诗玛!阿诗玛!"

原来,十二崖子上的应山歌姑娘,见阿诗玛被洪水卷走,便跳入漩涡,排开洪水,救出阿诗玛,一同在十二崖子住下,使阿诗玛变成了石峰,变成了抽牌神(回声神)。从此,你怎样喊她,她就怎样回答。

阿黑失去了阿诗玛,但他时时刻刻想念着她。每天吃饭时,他盛着苞谷饭,端着饭碗走出门,对石崖子喊:"阿诗玛!阿诗玛!"那站在石崖子上的阿诗玛便应声:"阿诗玛!阿诗玛!"阿爹、阿妈出去做活的时候,对着石崖子喊:"爹妈你好?呀!好?阿诗玛!"那站在石崖子上的阿诗玛,同样地应声:"爹妈你好?呀!好?阿诗玛!"

小伙伴们在阿诗玛站的石崖子下,对着石崖子上的阿诗玛弹三弦、吹笛子、唱山歌,那石崖子上的阿诗玛也应合着铮铮弦音,悠扬笛声,唱起山歌。

阿诗玛的声音永远回荡在石林;她的身影,已经化成石头,永远和她的乡亲相伴。

【讲读提示】

1.《阿诗玛》是流传于云南省石林彝族自治县彝族支系撒尼人的叙事长诗。它使用口传诗体语言,讲述或演唱阿诗玛的故事。阿诗玛不屈不挠地同强权势力做斗争的故事,揭示了光明终将代替黑暗、善美终将代替丑恶、自由终将代替压迫与禁锢的人类理想,反映了彝族撒尼人"断得弯不得"的民族性格和民族精神。

2.《阿诗玛》自20世纪50年代初在有关刊物上发表汉文本以来,被翻译成英、法、德、西班牙、俄、日、韩等多种语言在海外流传,在日本还被改编成广播剧、歌舞剧、儿童剧等艺术形式。在国内,《阿诗玛》被改编成电影及京剧、滇剧、歌剧、舞剧、撒尼剧等在各地上演。中国第一部彩色宽银幕立体声音乐歌舞片《阿诗玛》,于1982年获西班牙桑坦德第一届国际音乐最佳舞蹈片奖。2006年,经国务院批准,"阿诗玛"列入第一批国家级非物质文化遗产名录。

3.《阿诗玛》在叙事方法上采用了顺叙、倒叙、插叙、叠叙等;在描写手法上使用了

> 讲故事

肖像描写、语言描写、行为描写、心理描写等;在构思技巧上使用了伏笔、夸张、讽刺等;在修辞艺术上使用了谐音、顶针、拈连、比喻等。在遥远的年代,撒尼先民就能综合运用多种艺术手法打造古老的文学作品,这在世界上也是罕见的。《阿诗玛》能配以多种曲调,用多种乐器伴奏演唱,比一般的叙事诗赋予了更多的文化内涵。

二、大禹治水

远古时期,天地茫茫,宇宙洪荒,人民饱受海浸水淹之苦。尧帝开始起用禹的父亲鲧治理洪水。鲧治水逢洪筑坝,遇水建堤,采用"堙"的办法,治了九年而水不息。尧的助手舜见鲧治水无功,将他诛杀在羽山。

舜继帝位后,洪水仍然是天下大患,便命已成为夏部族首领的禹继续治理洪水。禹欣然领命,但没有贸然行事,而是首先认真总结前辈治水的教训,寻找治水失败的原因。然后,率领伯益、后稷等一批

大禹治水　　蔡峰绘

忠实助手,跋山涉水,顶风冒雨到洪灾严重地区进行勘察,了解各地山川地貌,摸清洪水流向和走势,制定统一的治水规划,在此基础上才展开大规模的治水工作。他鉴于前辈治水无功主要是没有根据水流规律因势利导,而只采用"堕高堰库"筑堤截堵的办法,一旦洪水冲垮堤坝便前功尽弃的教训,大胆改用疏导和堰塞相结合的新办法。顺天地自然,高的培土,低的疏浚,成沟河,除壅塞,开山凿渠,疏通水道。历时13年之久,终于把洪渊填平,河道疏通,使水由地中行,经湖泊河流汇入海洋,有效治服了洪水。

当时的绍兴地区也受到洪水的祸害,被称为蛮荒之地。大禹治水到了这块荒蛮之地,凿山疏流,将水引入东海,使这片浅海沼泽之地重新成为平原,人民得以从事垦殖。大禹曾在绍兴娶涂山氏为妻。新婚才四天,禹便离家治水去了。他婚后离家13年,曾经三次路过家门而不进去。

【讲读提示】

1.尧舜时代,天下洪水泛滥,民众深受其害,如何整治洪水,成为令人头疼的首要社会问题。大禹继承父业,领导全国治水工作之后,心无旁骛,排除各种干扰,专心致志治水,整整苦干了13年,终于成为万民敬仰的英雄。这说明,干事创业,必须抓住主要矛盾,干到点子上。

2.大禹继承父业之后,认真研究父亲治水失败的原因。他发现,父亲之所以没有

成功,根子在于治水方法不对,不讲科学,只知道简单地"堵",不知道科学地"疏"。因此,他对治水方法及时进行了纠正,以疏为主,以堵为辅,结果获得了成功。这说明,干任何事情,方法很重要,要掌握正确科学的方法。

3. 大禹"三过家门而不入",说明在有责任感的男人那里,家固然重要,但总不如伟大事业更重要。当个人利益与集体相冲突时,应该先保住大家的利益;当自己个人问题与集体问题相冲突时,应该先解决大家的问题,再解决个人问题。

4. 大禹治水期间,总是率先垂范,身先士卒。他穿着破烂的衣服,吃粗劣的食物,住简陋的席篷,每天亲自手持耒锸,带头干最苦最脏的活。几年下来,他的腿上和胳膊上的汗毛都脱光了,手掌和脚掌结了厚厚的老茧。经过13年的努力,他们开辟了无数的山,疏浚了无数的河,修筑了无数的堤坝,使天下的河川都流向大海。这说明,面对天灾,领导干部要亲力亲为,要实干。

5. 由于大禹治水成功,帝舜在隆重的祭祀仪式上,将一块黑色的玉圭赐给禹,以表彰他的功绩。不久,又封禹为伯,以夏为其封国。帝舜三一三年,正式把天子位禅让给了大禹。当初大禹埋头治水的时候,大舜对他并没有多少关注,也几乎没有什么褒奖。这说明,一个人只要肯干,付出总会有所收获的。

6. 讲述时要注意理解故事的主要内容,让听者能感受到大禹淳朴、勇敢、坚强的性格特征。

三、七仙女和董永

据传,董永12岁就到傅村傅员外家当了童工,董永长得眉清目秀,又忠厚老实。傅员外有一女儿,名叫傅金花,比董永小一岁,长得也很好看。转眼间六年过去了,18岁的董永长成了人见人爱的英俊小伙子,憨厚实诚,礼貌勤快。17岁的傅金花心想董永既英俊,又能干,自己个性强,若嫁个富家子弟,肯定要受气,不如跟了董永合算。董永那么穷,娶不起媳妇,没人会跟他,我若提出来,他肯定巴不得愿意。

玉帝之女七仙女因感天宫孤独寂寞而思慕人间生活。一天她随六位姐姐往凌虚台游玩,偶然看见下界卖身葬父的青年农民董永,被他的忠厚老实所打动而萌发爱慕之情。大姐看穿小妹的心事,不顾天宫戒律森严,助其下凡。七仙

天仙配　戴松耕、戴一鸣彩绘

讲故事

女来到人间，经土地爷说合，槐荫树做媒，假扮张七姐与董永结为夫妻。傅金花得知实情，气得脸色发青，想方设法要拆散他俩，故意把丝搞乱让七仙女织不成绫，想把张七姐逼走。又制造机会接近董永，表明自己的心思。说张七姐是不明底细的外路人，留下她后患无穷。说董永若赶走她，和自己成亲，她爹会陪送很多金银财宝，叫董永一辈子不再受穷。傅金花死缠活缠，缠着董永不松手，董永却向傅金花断然表示："张七姐是苦命人，我也是穷苦汉，苦命相连，已定婚约，不会改变。"董永对傅金花敬而远之，傅金花一缠落了空。

七仙女被逼回天宫后，单剩下董永一个人孤苦伶仃地在寒窑中度日。傅金花听到这个消息后，认为是个千载难逢的好机会，就瞒着爹娘主动跑到寒窑中去找董永，表示非董永不嫁，不嫌董永穷。但董永不为所动，对张七姐的爱情忠贞不渝，暗地让邻居捎口信给傅员外。傅员外把女儿强行接走了，傅金花二缠也落了空。

七仙女被抓上天庭后，被玉帝关进天牢里反省。她整天泪水不干，日夜思念董永，后来生下了一个男孩。玉帝知道后大怒，扬言要将孩子弄死。七仙女痛不欲生，誓与孩儿共存亡。王母娘娘疼女心切，想方设法瞒着玉帝，一面说孩子已死，一面偷偷派神仙下凡把孩子放到大槐树下让董永领养。董永接到孩儿后，更加思念张七姐，把对张七姐的一片深情全放到养育孩子上，日子过得甚是凄苦。

傅金花听到这个消息后，不顾一切又跑到董永家里，表示愿意和董永一起抚养这个孩子。她哭着跪在地上对天发誓："我愿意当后娘，保证待孩子如亲生。"董永想起了还在天牢里受苦的张七姐，他表示绝不能对不起张七姐，就对傅金花好言相劝，以真情感之，以兄妹情待之，坚守兄妹名分，使金花感到很无奈。日子长了，傅金花看不到一丝希望，只好含恨怏怏而去。傅金花三缠又落了空。

王母娘娘认为自己是真心为亲生女儿好，就以官位、荣誉做诱饵，吸引许多年轻英俊的神仙去向七仙女求婚，但七仙女心里只爱董永一个人，对他们视而不见，听而不闻。当七仙女在天牢里听到董永对自己忠贞不渝的爱情事实后，决心以身殉情，从此不吃不喝、不言不语、只求速死。这下子可把王母娘娘吓坏了，王母娘娘自想自劝，认为七女儿和董永棒打不开，又生了孩子，跟他就跟他吧，总比死了好。于是就向玉帝求情，说一直关着七仙女引得天庭里不少人经常议论，长久下去对玉帝的名誉也有影响。玉帝想想也是这个道理。于是就默许王母娘娘对七仙女剥夺仙籍，贬为凡人，打下人间受苦，总算了结了此事。

七仙女的顽强斗争终于获得了回到人间的胜利。夫妻俩久别重逢，喜极而泣，一家三口久久相拥，庆幸全家团圆，从此过上了夫妻恩爱、婚姻美满的幸福生活。董永和张七姐饮水思源，为了感谢大槐树这个媒人，于是就从大槐树下引栽了一棵小槐树到小董村，千百年来，长成古槐，数度枯荣，至今仍存，历经沧桑，生机盎然，可供游人观赏。董永墓看护人又在此古槐下引栽了一棵小槐树到董永墓前，此槐树长出了浑然天成的连理枝，使人看了都会啧啧称奇，形象地印证了董永和七仙女"在水好似鸳鸯鸟，在地愿做连理枝"的忠贞爱情。

第四章 民间故事

【讲读提示】

1. 七仙女和董永,历经苦难和挫折,经过不懈的抗争,最终过上幸福美满的夫妻生活。这个故事寄寓了劳动人民对"有情人终成眷属"的美好愿望。

2. 董永孝感天地,憨厚老实,埋头苦干,这才招致仙女的爱恋并收获人生幸福。

3. 讲述这个故事,要突出董永和七仙女对爱情忠贞不渝的感情,还要注意不同人物的地位、性格等特点。

四、花木兰从军

花木兰出生在我国北方的一个小乡村,她从小就十分聪明伶俐,跟母亲学习纺织、刺绣,也经常跟着父亲练习骑马、射箭。花木兰的父亲年轻时曾经是一名勇敢的军人,随着时间的流逝逐渐衰老了,勤劳的母亲操持家务,花木兰有一个年龄相仿的姐姐和一个年幼的弟弟。全家人辛勤劳作,生活十分幸福。花木兰15岁的时候,北方柔然部落开始骚扰内

花木兰　妙象童话绘

地,给当地人民的生活造成了严重的威胁。柔然民族常年生活在食物匮乏的草原和沙漠中,他们妒忌内地富足而繁华的生活,十分凶暴地对待内地百姓,抢夺财物,杀掉反抗他们的人,连妇女和孩子也不放过。

情况十分危急,长城上狼烟四起。一天,柔然军队的一次大规模进犯突破了长城守军的防卫,边关信使快马向朝廷报告紧急军情。边关人民为了躲避战乱纷纷向南方逃亡。朝廷很快紧急动员,号召所有男人参军上战场。按照法律,所有成年男性都有上战场的义务,体弱多病的花木兰父亲也在征召之列。花木兰担心父亲身体太弱,难以承受战场上的艰辛,而家中的弟弟只有8岁,花木兰想,只有自己能帮助父亲。花木兰做出了一个大胆的决定——女扮男装,替父从军。第二天一大早,她就跑遍城里集市,购买了马匹、盔甲和武器等装备。

集市上到处都是前来购买装备准备参军的年轻男人,这更加激发了花木兰报效国家的决心。花木兰将自己的决定告诉了家人,父亲坚决不同意,但是面对坚定的花木兰,父亲也没有办法。出发的日子终于到了,全家人来到村口送别花木兰,父亲在为女儿默默祝福。花木兰女扮男装骑上战马奔赴前线,一路上都是参军的热血青年,他们结伴而行,翻山越岭,离战场越来越近。前方传来战马的嘶鸣,年轻的战士们更加斗志

昂扬。各地的壮士陆续来到前线军营报到，等待下达战斗任务。大家同仇敌忾，花木兰也下决心，一定要拼尽全力作战。艰苦的作战训练开始了，花木兰不怕吃苦，一点也没有表现出女孩子的娇弱。她的作战技能进步很快，丝毫不亚于同龄男人，没有人会想到她是个姑娘。

她和战友们相处得很好，没有人发现她是个姑娘。没多久她就和战友们上战场，由于她作战英勇，机智过人，立下了很大的功劳，很快她被封为了大将军。从此，花木兰带领军队南征北战，多次立下了赫赫战功。皇上因为她的战绩，要赏赐她黄金千两，良田万顷，还要封她为兵部尚书。花木兰谢过后就对皇上说自己不想要这些赏赐，因为十年没回过家乡，非常想念父母想回家看看，只想好好地孝敬父母，一家人过上幸福的农家生活。皇上准许了。

花木兰回到家乡，父母非常高兴。她来到自己的房间，脱下军装，穿回自己当姑娘时的衣服，打扮得十分漂亮。她的部下看到她的这身装束都非常惊讶，想不到将军竟然是个漂亮女子。

从此，花木兰女扮男装，替父从军的故事很快被流传开来了。

【讲读提示】

1. 花木兰代父从军，凸显了一个"孝"字。她身经百战，出生入死，为国家立下赫赫战功，诠释了一个"忠"字。她孝敬父母，为国尽忠，又不爱慕荣华富贵的美好品德一直是我们学习的榜样。

2. 千百年来，花木兰一直是受中国人尊敬的一位女英雄，因为她既勇敢又纯朴。1998年，迪士尼将花木兰的故事改编成了动画片，受到了全世界的欢迎。

3. 讲述时一定要将花木兰忠孝、勇敢而又淳朴的形象凸显出来。

五、牛郎织女的故事

天上有个织女星，还有一个牵牛星。织女和牵牛情投意合，心心相印。可是，天条律令是不允许私自相恋的。织女是王母的孙女，王母便将牵牛贬下凡尘了，令织女不停地织云锦以作惩罚。织女的工作，便是用了一种神奇的丝在织布机上织出层层叠叠的美丽的云彩，随着时间和季节的不同而变幻它们的颜色，这是"天衣"。自从牵牛被贬之后，织女常常以泪洗面，愁眉不展地思念牵牛。她坐在织机旁不停地织着美丽的云锦，以期博得王母大发慈心，让

牛郎织女　墨浪绘

牵牛早日返回天界。

  一天,几个仙女向王母恩求想去人间碧莲池一游,王母当日心情正好,便答应了她们。她们见织女终日苦闷,便一起向王母求情让织女共同前往,王母也心疼受惩后的孙女,便令她们速去速归。

  话说牵牛被贬之后,落生在一个农民家中,取名叫牛郎。后来父母下世,他便跟着哥嫂度日。哥嫂待牛郎非常刻薄,要与他分家,只给了他一头老牛,叫牛郎自立门户。从此,牛郎和老牛相依为命,他们在荒地上披荆斩棘,耕田种地,盖造房屋。一两年后,他们营造成一个小小的家,勉强可以糊口度日。可是,除了那条不会说话的老牛而外,冷清清的家只有牛郎一个人,日子过得相当寂寞。牛郎并不知道,那条老牛原是天上的金牛星。

  这一天,老牛突然开口说话了,它对牛郎说:"牛郎,今天你去碧莲池一趟,那儿有些仙女在洗澡,你把那件红色的仙衣藏起来,穿红仙衣的仙女就会成为你的妻子。"牛郎见老牛口吐人言,又奇怪又高兴,便问道:"牛大哥,你真会说话吗?你说的是真的吗?"老牛点了点头,牛郎便悄悄躲在碧莲池旁的芦苇里,等候仙女们的来临。

  不一会儿,仙女们果然翩翩飘至,脱下轻罗衣裳,纵身跃入清流。牛郎便从芦苇里跑出来,拿走了红色的仙衣。仙女们见有人来了,忙乱纷纷地穿上自己的衣裳,像飞鸟般地飞走了,只剩下没有衣服无法逃走的仙女,她正是织女。

  织女见自己的仙衣被一个小伙子抢走,又羞又急,却又无可奈何。这时,牛郎走上前来,对她说,要她答应做他妻子,他才能还给她的衣裳。织女定睛一看,才知道牛郎便是自己日思夜想的牵牛,便含羞答应了他。这样,织女便做了牛郎的妻子。

  他们结婚以后,男耕女织,相亲相爱,日子过得非常美满幸福。不久,他们生下了一儿一女,十分可爱。牛郎织女满以为能够终身相守,白头到老。

  可是,王母知道这件事后,勃然大怒,马上派遣天神捉织女回天庭问罪。

  这一天,织女正在做饭,下地去的牛郎匆匆赶回,眼睛红肿着告诉织女:"牛大哥死了,他临死前说,要我在他死后,将他的牛皮剥下放好,有朝一日,披上它,就可飞上天去。"织女一听,心中纳闷,她明白,老牛就是天上的金牛星,只因替被贬下凡的牵牛说了几句公道话,也被贬下天庭。它怎么会突然死去呢?织女便让牛郎剥下牛皮,好好埋葬了老牛。

  正在这时,天空狂风大作,天兵天将从天而降,不容分说,押解着织女便飞上了天空。正飞着,织女听到了牛郎的声音:"织女,等等我!"织女回头一看,只见牛郎用一对箩筐,挑着两个儿女,披着牛皮赶来了。慢慢地,他们之间的距离越来越近了,织女可以看清儿女们可爱的模样了,孩子们也都张开双臂,大声呼叫着"妈妈",眼看牛郎和织女就要相逢了。可就在这时,王母驾着祥云赶来了,她拔下头上的金簪,往他们中间一画,霎时间,一条天河波涛滚滚地横在了织女和牛郎之间,无法横越了。

  织女望着天河对岸的牛郎和儿女们,直哭得声嘶力竭,牛郎和孩子也哭得死去活来。他们的哭声,孩子们一声声"妈妈"的喊声,是那样揪心裂胆,催人泪下,连在旁边

> 讲故事

观望的仙女、天神们都觉得心酸难过,于心不忍。王母见此情此景,也稍稍为牛郎织女的坚贞爱情所感动,便同意让牛郎和孩子们每年七月七日,让他们相会一次。

从此,牛郎和他的儿女就住在了天上,隔着一条天河,和织女遥遥相望。

在秋夜天空的繁星当中,我们至今还可以看见银河两边有两颗较大的星星,晶莹地闪烁着,那便是织女星和牵牛星。和牵牛星在一起的还有两颗小星星,那便是牛郎织女的一儿一女。

牛郎织女相会的七月七日,无数成群的喜鹊飞来为他们搭桥。鹊桥之上,牛郎织女团聚了!织女和牛郎深情相对,搂抱着他们的儿女,有无数的话儿要说,有无尽的情意要倾诉啊!传说,每年的七月七日,若是人们在葡萄架下葡萄藤中静静地听,可以隐隐听到仙乐奏鸣,织女和牛郎在深情地交谈。真是相见时难别亦难,他们日日在盼望着第二年七月七日的重逢。

【讲读提示】

1. 从古代典籍的记载看,民间认为织女聪明美丽、多才多艺,在七月七日晚间,向织女乞求智巧,可以除去笨拙,变得眼明手巧,故亦称为"乞巧节";又因为参与乞巧活动的大多为闺阁妇女,因此又叫"女儿节"。这一天妇女多在庭院聚会,穿新衣、拜双星、摆香案、供果品、穿针引线、搭接彩缕,进行各项乞巧活动。每年农历七月初七是中国的七夕节,在我国已经延续有数千年的历史。因为融入了牛郎织女这个凄美的民间爱情故事,现在许多青年男女将七夕节作为中国情人节。

2. 这个故事可以提高少年人的幻想能力,可以做成年人的业余消遣,又可以作为各种艺术的原料。我们可以一方面欣赏这富有诗意的传说故事,一方面也可借机会提倡科学,使一般人注意到科学家替人们所发现的许多关于星星的新知识。

3. 实际上,银河是无法隔绝爱情的,牛郎与织女的故事,会让人对爱情产生一种虚幻而浪漫的憧憬,从而唤起更加珍惜的意念。但是,抽象的银河,也意寓道德法律、伦理观念、尊长意见等方面的约束,想要获得幸福生活,绝不是只要有感情就行了的。

4. 在讲述过程中,要注意区分不同人物的性格特点,语言要有角色意味。

六、梁山伯与祝英台

古时候,有个姑娘叫祝英台,她生得聪明又美丽,不但会绣花剪凤,还喜欢写字读书。她长到十五六岁了,就一心想到外地的学馆里去读书。

可是,那时候是不让女孩子外出读书的,怎么办呢?祝英台和丫鬟商量出一个好主意:假扮成男孩子的模样去求学。于是祝英台打扮成一个公子模样,丫鬟打扮成书童,俩人互相看了看,还挺像的,不禁高兴地笑起来。

祝英台的父亲正在厅堂里喝茶,忽然看见一个书童领着一位公子进来向他行礼,他慌忙起身答礼让坐,还请问公子尊姓大名。祝英台一看连父亲也瞒过了,别提多高兴了。她于是卸去装扮露出真相,父亲大为惊讶,嗔怪女儿调皮没有规矩。祝英台趁机向父亲说了要外出求学的想法。父亲说:"自古以来哪有女子外出求学的?即使是假扮成男的，在外生活也有许多不方便。"可是祝英台坚决要去，父亲拗不过她，只好同意了。

祝英台假扮成男子，样子十分英俊潇洒，丫鬟扮作书童挑着书箱，离开家求学去了。她们走了一程，觉得热了，就来到路旁小亭子里休息。这时，路上走来一个书生和一个书童，也到亭子来歇脚。他们互相问候，祝英台才知道这位书生叫梁山伯，也是到学馆求学的。祝英台和梁山伯谈得十分投机，两人在亭子里就结拜成兄弟，梁

梁山伯与祝英台　杨永青绘

山伯比祝英台大两岁，于是祝英台称梁山伯为兄，梁山伯称祝英台为弟，随后高高兴兴一同上路了。

祝英台和梁山伯来到学馆，拜见了老师。老师见到这两位聪明英俊的少年来求学，很是高兴。

老师把他俩安排在同一张课桌上学习。梁山伯对祝英台像对自己的亲弟弟一样，十分关心爱护。两个人从早到晚在一起，成了最要好的朋友。

祝英台和梁山伯同住一个房间，祝英台为了不让梁山伯发现她是女的，就把两个书箱隔在俩人的床位中间，书箱上还放上满满一盆水，她告诉梁山伯睡觉时要老实，要是乱滚乱动，把盆里的水弄洒了，她可要告诉老师重重地罚他。所以梁山伯总是规规矩矩，从不乱动，一直没有发现祝英台是个女孩子。

可是祝英台女扮男装的事，早被细心的师娘看出来了。师娘把祝英台叫到跟前，说破了真相，祝英台请求师娘保守秘密，师娘答应了，并对这个聪明的女孩子更加爱护关照了。祝英台有什么难处和心事，也都来对师娘讲。

时间一晃三年。一天，祝英台接到家信，说她的父亲病了，要她赶紧回去。祝英台向老师请了假，又来找师娘。说她和梁山伯同学三年，梁山伯为人诚恳热情，学习勤奋，她已经深深地爱上了他。她把一个玉扇坠儿交给师娘，托师娘做媒，等她走后，为她向梁山伯提亲。

祝英台将要启程回家的时候，梁山伯一定要亲自送她。他二人一路上相依相随，总是不愿意分手。祝英台要向梁山伯表露自己的爱情，又不便直说，只好打着许多比方来启发梁山伯。

他们看到河里有一对鹅，祝英台就唱道："前面来到一条河，河里游着一对鹅，公鹅就在前面游，母鹅后面叫哥哥。"

老实厚道的梁山伯没有听懂她的意思，继续往前走。祝英台又唱了好几首比喻男女爱情的歌，梁山伯还是没有明白。祝英台开玩笑说："你真是一只呆头鹅！"

71

> 讲故事

祝英台又指着池塘里的一对鸳鸯唱道:"青青荷叶清水塘,鸳鸯成对又成双,英台若是红装女,梁兄啊,你愿不愿意'配鸳鸯'?"

梁山伯叹了一口气说:"可惜你不是女红装啊!"

祝英台见梁山伯还是不明白,便说:"我家有个九妹,我和她是双胞胎,长得和我一模一样,我愿做媒,让九妹和你结为夫妻,你愿意吗?"梁山伯本来很爱祝英台的才貌,一听说九妹和她生得一模一样,就高兴地答应了。

他们相送了十八里,来到江边,才恋恋不舍地分手了。临别的时候,祝英台和梁山伯约定在7月7日到祝家相亲。梁山伯远远望着江对岸祝英台的身影越来越远,渐渐地看不见了。

祝英台回到家里,父亲的病早就好了,他让祝英台换成女孩子的装束,不让她再外出读书了。这时恰巧有一家姓马的大财主来求亲,父亲就把祝英台许配给马家的儿子。祝英台坚决不答应这门亲事,她对父亲说她已爱上了梁山伯,并且托了师娘做媒。可是父亲反对说:"从来儿女的婚姻都是由父母做主的,女孩子自己在外面找男人,像什么话?"硬要祝英台嫁给马家。

自从那天梁山伯送别祝英台后,回到学馆,他继续用心读书,竟把7月7日去祝家提亲的事忘得一干二净,直到师娘拿着玉扇坠儿来,说明祝英台托她提亲的事,梁山伯才恍然大悟,知道了祝英台原来是个女的,她说的九妹就是祝英台自己啊!梁山伯立刻向老师请了假,赶到祝家去和祝英台会面。

梁山伯来到英台家里,看见祝英台完全恢复了女子打扮,显得更加美丽可爱。他说出师娘为他们提亲的事,哪知祝英台一听这话就大哭起来,她说:"梁兄啊,你为什么这么晚才来呀?我父亲已经硬逼着把我许配给马家了!"梁山伯一听,又是吃惊,又是难过,心都碎了。俩人就抱头痛哭起来,他们互相发誓,无论谁也不能破坏他们之间深厚的爱情,两个人要永远在一起。他们的哭声被祝英台的父亲听见了,祝员外怒气冲冲地跑上楼来,把梁山伯赶出家门,将祝英台严加看管起来。

梁山伯回到家里,伤心极了,他想念祝英台,饭也吃不下,觉也睡不着,就病倒了,病情越来越重,不久就死了。临死之前,他告诉家里的人,他死后要把他埋在从祝家通往马家去的路边。

马家迎亲的日子到了,花轿抬到祝家门口,吹吹打打好不热闹。可是祝英台却哭哭啼啼,怎么也不愿意上轿。在她父亲的命令之下,许多人推推拉拉,硬把祝英台推进轿子抬走了。

花轿抬到半路上,忽然来了一阵大风,吹得抬轿人走不动了。这时丫鬟告诉祝英台,前面就是梁山伯的坟墓。祝英台不顾别人的阻拦,走出轿来,一定要到梁山伯的墓前去祭悼。

祝英台来到梁山伯的墓前,放声大哭,痛不欲生,全身扑到坟上。霎时间,电闪雷鸣,风雨大作,坟墓忽然裂开一条大缝,祝英台喊着梁山伯的名字,一下子就跳进坟里去了。

一会儿,雨停了,云开了,天空出现了一道彩虹。只见一对美丽的蝴蝶从坟头上飞起来,绕着坟头翩翩起舞。人们都说,这对蝴蝶就是梁山伯和祝英台变的。至今人们还把这种黑花纹、翠绿斑点、尾翼上有两根长长飘带的大蝴蝶,叫作梁山伯祝英台。

【讲读提示】

1.《梁山伯与祝英台》是中国汉族民间四大爱情故事之一,其他三个是《白蛇传》《孟姜女哭长城》《牛郎织女》。其中,《梁山伯与祝英台》是中国最具魅力的口头传承的传说故事,2006年被列入第一批国家级非物质文化遗产名录,也是唯一在世界上产生广泛影响的中国民间传说。自西晋始,在民间流传已有1700多年,可谓家喻户晓,流传深远,被誉为爱情的千古绝唱。从古到今,有无数人被梁山伯与祝英台的悲惨爱情所感染,被称为东方的"罗密欧与朱丽叶"。

2.《梁山伯与祝英台》细腻地呈现一段唯美彻骨、惊天动地的爱情。出身富裕人家的祝英台反抗传统社会对女子的不平等待遇和束缚,争取到与男孩子一同读书受教育的机会。继而挑战长久以来"门当户对"的观念,与同窗三年的平民子弟梁山伯相恋,为自己争取婚姻自由。然而,保守的年代却棒打鸳鸯。但梁祝的情,终究感天动地!二人化成彩蝶翩翩飞舞,融入多彩、自由的天空。我们透过祝英台女扮男装所表现的反抗封建礼教的表层思想,能更深一步地把握到社会进步中要求男女平等、呼唤女权回归这一深层的民族潜意识。如果没有梁祝的悲剧,人们就不会认识到传统的包办婚姻制度的弱点和局限,就无法看到其他选择的可能性。

3. 如果说梁祝婚姻被残酷葬送具有强烈的悲剧意义,那么它的"化蝶"结尾便富有积极意义。活着追求不到的东西,在死后继续"追求",终于得到。"化蝶"的结局,正是日益厚积的冲击封建礼教的强烈社会心理的生动反映。千百年来,这种结局鼓舞着人们向一切顽固封建势力做顽强的抗争。

4. 要注意将梁山伯的书呆子气和祝英台的痴情很好地表达出来。

七、孔雀公主

三四百年以前,在遥远美丽的西双版纳,头人召勐海的儿子召树屯英俊潇洒、聪明强悍,喜欢他的女孩子多得数也数不清,可他却还没找到自己的心上人。一天,他忠实的猎人朋友对他说:"明天,有七位美丽的姑娘会飞到郎丝娜湖来游泳,其中最聪明美丽的是七姑娘兰吾罗娜,你只要把她的孔雀氅藏起来,她不能飞走了,就会留下来做你的妻子。"召树屯将信将疑:"是吗?"但第二天,他还是来到了郎丝娜湖边等候孔雀公主的到来。

果然,从远方飞来了七只轻盈的孔雀,散落到湖边就变成了七位年轻的姑娘,她们跳起了优雅柔美的舞蹈,尤其是七公主兰吾罗娜,舞姿动人极了!这就是我一直在寻找的姑娘啊,召树屯立刻爱上了她。她照着猎人朋友的话做,兰吾罗娜的姐姐都飞走了,只剩下她一人时,召树屯捧着孔雀氅走了出来。兰吾罗娜看着他,许久许久没有说话,但爱慕之情已经从她的眼光中传递出来。不用说,召树屯娶到了自己心爱的姑娘。

> 讲故事

他们成婚不久，邻近的部落挑起了战争，为了保卫自己的家园，英勇的召树屯和兰吾罗娜商量了一个通宵，第二天就带着一支军队出征了。战争初期，天天都传来召树屯败阵退却的噩耗，眼看战火就要烧到自己的领土了，召勐海急得乱了阵脚。却偏偏在这时，有个恶毒的巫师向他进谗言："兰吾罗娜是妖怪变的，就是她带来了灾难和不幸，若不把她杀掉，战争一定会失败的！"召勐海头脑一昏，就听信了他，决定把美丽的孔雀公主烧死。

孔雀公主 尹口羊绘

兰吾罗娜站在了刑场上，泪流满面，她深深地爱着在远方征战的召树屯，却不得不离开他。最后她对召勐海说："请允许我再披上孔雀氅跳一次舞吧！"召勐海同意了。兰吾罗娜披上那五光十色、灿烂夺目的孔雀氅，又一次婀娜地、轻盈地、优雅地翩翩起舞，舞姿中充满了对和平，对人世的爱，焕发出圣洁的光芒，令在场的所有人都深受感染。在悠扬的乐声中，兰吾罗娜已渐渐化为孔雀，徐徐凌空远去了。可就在这时，前线传来了召树屯凯旋的消息。在欢迎大军得胜归来的载歌载舞的人群中，召树屯没有看见自己日夜思念的妻子，在祝贺胜利犒劳将士的庆功宴上，召树屯还是没有看见兰吾罗娜的身影，他再也忍不住了，说道："多亏了兰吾罗娜想出的诱敌深入的办法才打败了敌人，可现在她到哪儿去了呢？"召勐海一听，这才如梦初醒，却已悔之莫及。他把逼走兰吾罗娜的前因后果告诉了召树屯，真是一场突如其来的打击，召树屯只觉天旋地转，昏倒在地。苏醒过来后，他的心中想的只是要去把她找回来："我不能没有她，没有她我的生命还有什么意义？"

他找到猎人朋友，问清楚原来兰吾罗娜的家乡在远隔千山万水的地方。跨上战马，召树屯又出发了，怀着猎人朋友送的三支具有魔力的黄金箭，怀着对兰吾罗娜矢志不渝的爱，他克服了重重困难，来到了一个山谷入口。山谷口被两座大象一样的山封住了，召树屯用第一支黄金箭射开了一条出路，进入了山谷。经历了漫长而艰辛的拼搏，不管全身伤痕累累，不管前程凶险莫测，他终于到达了孔雀公主的家乡。可是孔雀国的国王因为觉得召树屯的族人对兰吾罗娜不公平，决定考验一下召树屯是否有保护兰吾罗娜的本领，否则就不让兰吾罗娜回去。国王让七个女儿头顶蜡烛，站到纱帐后面，让召树屯找出他的妻子，并用箭射灭烛火。召树屯内心平静下来，凭着对兰吾罗娜的思念，用第二支黄金箭射灭了兰吾罗娜头顶的烛火，终于得到了与孔雀公主重逢的那一刻。他们含着泪再次拥抱，发誓从此永不分离。

回到家里,召树屯问明父亲,知道原来是那个恶毒的巫师陷害兰吾罗娜,就去找巫师报仇。那巫师其实是一只秃鹰变的,听闻召树屯来找他,立刻化成原形,飞上天空想逃跑,召树屯抽出最后一支黄金箭,正义之气随着箭像闪电一样,将万恶的巫师射死了。从此以后,那象征和平与幸福的孔雀公主的故事也在傣族人民中间广为流传,感染着一代又一代人们的心灵。

【讲读提示】

1. 善良的孔雀公主心里装着整个部落的人。她帮助丈夫的部落打败了敌人,同时也得到了人们的热爱和尊敬,也捍卫了自己的幸福。我们要学习她为别人着想的优秀品质,以此获得别人的尊敬和自身的幸福。

2. 这个傣族民间传说,是一个曲折生动的爱情故事,它还告诉人们:爱情的力量使得善美终将战胜邪恶。

八、宝莲灯

传说,华山脚下有一座雪映宫,雪映宫里供奉着一位三圣母娘娘。三圣母娘娘有一件神奇的法宝——宝莲灯。这盏宝莲灯是当年女娲娘娘补天用的五色神火化身而成,它有无穷的法力。

以前华山脚下的百姓经常受瘴雾危害,每年都要死不少人和牲畜,自从三圣母娘娘来到华山,用她手中的宝莲灯驱散瘴雾,人们才过上了正常的生活。

三圣母在雪映宫住了下来,她为人们驱除瘴雾,求签问卜。华山脚下

动画电影《宝莲灯》剧照

的百姓无论遇到什么困难,都会去雪映宫求签解忧。雪映宫的名气越来越大,很多人专程从很远的地方赶来求签问卜。

这天,雪映宫里来了一名叫刘彦昌的书生,他进京赶考路过此地,听说雪映宫里求签灵验,便想来问问自己的前程。正巧这天三圣母出去赴宴了,所以刘彦昌连求三支签,都是空签。刘彦昌一气之下,就在墙上写了一首诗,骂三圣母是骗子,然后便挥袖下山了。

三圣母赴宴归来,看见墙上的诗,非常生气。她招来雷公电母,下起大雨,把刘彦昌淋成落汤鸡,为自己出了一口气。

刘彦昌冒着大雨,又扭伤了脚,急火攻心,昏倒在雨中。善良的三圣母不忍心了,她赶紧变出一所房子,让丫鬟灵芝把刘彦昌扶到房里休息,让他住下来养伤。刘彦昌

> 讲故事

英俊的相貌、出众的文采深深吸引了三圣母。三圣母不知不觉就喜欢上了刘彦昌。不久,三圣母和刘彦昌在丫鬟灵芝的牵线下,结成了夫妻。

转眼间,秋天到了,刘彦昌要进京考试。这时三圣母已经怀孕了,刘彦昌临走的时候,把一块祖传的沉香玉交给三圣母,叮嘱说生了孩子就叫沉香。

刘彦昌走了没多久,小沉香就出世了。他胖胖的脸蛋,红红的小嘴,黑黑的头发,惹人喜爱。三圣母的姐妹们都吵着要给沉香办满月酒,一下来了很多人,雪映宫里热闹极了。

刚巧这一天二郎神的哮天犬从空中飞过,它闻到肉香,忍不住降下云头,钻进雪映宫找吃的,恰好听到了雪映宫里的谈话,它急忙回去告诉了主人二郎神。

二郎神是三圣母的哥哥,它一听妹妹不顾天规,嫁给凡人,还生了一个小孩儿,肺都要气炸了,立刻带领天兵天将去捉三圣母。二郎神气冲冲地来到了雪映宫,三圣母哀求哥哥成全她和刘彦昌的感情。可二郎神哪里肯听,坚决要带三圣母去见玉帝。没办法,三圣母只好拿出宝莲灯来护身。

二郎神战败后,派哮天犬悄悄偷走了宝莲灯,再次来到华山,这才捉住了三圣母,把她压在了华山下。

狠心的二郎神还想把沉香扔到山谷里摔死,幸好霹雳大仙路过山谷,救了沉香。霹雳大仙把沉香带回自己住的仙人峰,教他本领。

另一边,刘彦昌进京赶考,考中了状元,皇上封他做了大官。宰相一看刘彦昌前途无量,就想把自己的女儿嫁给刘彦昌。刘彦昌拒绝了宰相,宰相失了颜面,恼恨在心,他派人追杀刘彦昌,刘彦昌一路逃难,刚巧被霹雳大仙救下,送回了华山。

刘彦昌在华山上找不到三圣母,伤心极了,就在山脚下住下来,等待三圣母的归来。

16年过去了,沉香长成了一个漂亮的小伙子。他学了很多本领,会使枪、剑和刀,还会七十三变呢!霹雳大仙看到沉香武艺学成了,就把他的身世告诉了他。沉香一听,急得立刻就要拜别师父,去救母亲。

霹雳大仙说:"别着急,孩子。你必须得先找到宝莲灯,再找到神斧,这样才能劈开华山,救出你母亲。"

"宝莲灯在哪里?神斧又在哪里?"沉香着急地问。

"宝莲灯是你母亲的宝物,现在被藏在二郎神的真君庙里,你要想法拿出宝莲灯来,然后再去昆仑山找神斧。"

"为什么不让我直接去找神斧呢?"

"那可是当年盘古开天地的神斧,有三位非常厉害的天神看守着呢。"霹雳大仙说,"这三位天神都有很强的法力,你必须有宝莲灯的帮助才能拿到神斧。"

"知道了,师父!再苦再难我也要把神斧找到!"沉香说完就出发了。

沉香来到二郎神的真君庙。真君庙的下面有座地宫,藏着二郎神的所有宝贝。这里可真大,沉香走了好长时间还没有走到尽头。终于,他绕过看守的门卫,偷走了宝莲灯。

　　沉香得意极了,他带着宝莲灯跑出真君庙。可刚跑到门口,就看见一个凶巴巴的有三只眼的人——二郎神回来了。

　　沉香和二郎神打了起来,几个回合下来,沉香根本就不是二郎神的对手,他累得胳膊都快抬不起来了,差点被二郎神砍中。忽然,他怀里的宝莲灯散发出强烈的光芒,弹开了二郎神,并环绕住沉香向远处飞去了。

　　沉香拿到了宝莲灯,精神抖擞,又向昆仑山走去。昆仑山上有一座寒冰洞,洞里全是千年不化的寒冰,那把威力无比的神斧就藏在寒冰洞中。可是,从来没有人能从寒冰洞中活着走出去。

　　沉香勇敢地走进了寒冰洞。那些冒着凉气的寒冰似乎吸走了沉香全身的热气,沉香觉得自己快要被冻僵了。

　　"放弃吧,孩子。"看守神斧的天神说。

　　"不,我一定要救母亲出来,绝不放弃!"沉香坚持说。

　　沉香的孝道感动了冰神、权神和死神三位天神,而且他们也抵挡不住宝莲灯的威力,就只好让沉香取走了神斧。

　　沉香扛着神斧来到华山,举起神斧就向华山山峰砍去,就听"轰隆隆"一声,山峰一下子就从中间被劈开了,三圣母从山下飞了出来。

　　"娘!"沉香终于看到了自己的母亲。

　　"娘子!"刘彦昌终于等到了三圣母。

　　他们一家人团聚了,从此以后欢欢乐乐地生活在一起,再也没有分开过。

【讲读提示】

1. 本事都是逼出来的。逼你的人越强大,你练就的本事就越大。
2. 爱情和孝道的力量都是无坚不摧的。
3. 讲述这个故事要注意刻画不同人物的性格特点。

九、猎人海力布

　　从前有一个猎人,名叫海力布。他热心帮助别人,每次打猎回来,总是把猎物分给大家,自己只留下很少的一份。大家都非常敬重他。

　　有一天,海力布到深山去打猎,忽然听见天空中有喊救命的声音。他抬头一看,一只老鹰抓着一条小白蛇正从头上飞过。他急忙搭箭开弓,对准老鹰射去。老鹰受了伤,丢下小白蛇逃了。

　　海力布对小白蛇说:"可怜的小东西,快回家去吧!"小白蛇说:"敬爱的猎人,您是我的救命恩人,我要报答您。我是龙王的女儿,您跟我去,我爸爸一定会重重地酬谢您。我爸爸的宝库里有许多珍宝,您要什么都可以。如果您都不喜欢,可以要我爸爸含在嘴里的那颗宝石。嘴里含着那颗宝石,能听懂各种动物说的话呢!"海力布想,珍宝倒不在乎,能听懂动物的话,对一个猎人来说,那太好了。他问小白蛇:"真有这样

> 讲故事

一颗宝石吗?"小白蛇说:"真的。但是动物说什么话,您只能自己知道。如果对别人说了,您就会变成一块僵硬的石头。"

海力布点点头,跟着小白蛇到了龙宫。老龙王十分感激海力布,要重重地酬谢他。老龙王把他领进宝库,让他自己挑选珍宝,爱什么就拿什么。海力布什么珍宝也不要,他对龙王说:"如果您真想给我一点儿东西做纪念,请把您含着的那颗宝石给我吧。"龙王低头想了一会儿,就把嘴里含的宝石吐出来,送给了海力布。

海力布临走的时候,小白蛇跟了出来,再三叮嘱他说:"敬爱的猎人,您要

猎人海力布　叶婵娟绘

记住,动物说的什么话,千万不要对别人说。如果说了,您就会马上变成石头,永远不能复活了!"海力布谢过小白蛇,就回家了。

海力布有了这颗宝石,打猎方便极了。他把宝石含在嘴里,就能听懂野禽野兽说的话。哪座山上有什么动物,他全知道。从此以后,他每次打猎回来,分给大家的猎物更多了。

这样过了几年。有一天,海力布正在深山里打猎,忽然听见一群鸟在商量着什么。仔细一听,那只带头的鸟说:"咱们赶快飞到别处去吧!今天晚上,这里的大山要崩塌,大地要被洪水淹没,不知道要淹死多少人呢!"

海力布听到这个消息,大吃一惊。他急忙跑回来对大家说:"咱们赶快搬到别处去吧!这个地方不能住了!"大家听了觉得很奇怪,住得好好的,为什么要搬家呢?尽管海力布焦急地催促大家,可是谁也不相信。海力布急得掉下眼泪说:"我可以发誓,我说的话千真万确。相信我的话吧,赶快搬走!再晚就来不及了!"有个老人对海力布说:"海力布,你是我们的好邻居,我们知道你从来不说谎话。可是今天你让我们搬家,你总得说清楚呀。咱们在这山下住了好几代啦,老老小小这么多人,搬家可不容易呀!"

海力布知道着急也没有用,不把为什么要搬家说清楚,大家是不会相信的。再一迟延,灾难就要夺去乡亲们的生命。要救乡亲们,只有牺牲自己。他想到这里,就镇定地对大家说:"今天晚上,这里的大山要崩塌,洪水要淹没大地。你们看,鸟都飞走了。"接着,他就把怎么得到宝石,怎么听见一群鸟商量避难,以及为什么不能把听来的消息告诉别人,都原原本本照实说了。海力布刚刚说完,就变成了一块僵硬的石头。

78

大家看见海力布变成了石头，都非常后悔，非常悲痛。他们含着眼泪，念着海力布的名字，扶着老人，领着孩子，赶着牛羊，搬到很远的地方。他们走在路上，忽然乌云密布，狂风怒号，接着下起了倾盆大雨。半夜里，一声震天动地的巨响，大山崩塌了，地下涌出洪水，把他们住的村子淹没了。

从此，这里人们世世代代纪念海力布。

【讲读提示】

1. 这个民间故事，讲的是猎人海力布为了挽救乡亲们的生命，不惜牺牲自己，变成了一块僵硬的石头的故事，赞扬了海力布舍己救人的精神。

2. 我们处在平凡的生活中，惊天动地的事情确实很少有机会去做。但是，公交车上，抱着孩子的阿姨或老人需要你让座；马路上，腿脚不便的人需要你去搀扶；课堂上，忘记带文具的同学渴盼你伸出友宜之手；操场上，不慎跌倒的同学需要你的帮助……

3. 海力布对珍宝不感兴趣，只选择了那块可以听懂动物说话的宝石，因为这样就可以分给乡亲们更多的猎物，他的做法实在让人敬佩。对比现在有些人为了钱财而不择手段，真是天壤之别！

十 崂山道士

海边有一座崂山，住着一位仙人，人们都叫他崂山道士。据说崂山道士会许多凡人不会的法术。距崂山几百里路外的县城里，有个叫王七的人，从小就非常羡慕法术，听说崂山道士会许多法术，于是辞别家人，到崂山去寻仙。王七来到崂山，见到道士，交谈中，王七觉得那道士非常有本领，就恳求收他做徒弟。道士打量他一番说："看你娇生惯养，恐怕吃不了苦。"王七再三请求，于是道士就答应收他为徒弟。

夜里，王七望着窗外的月光，想到自己马上就要学到道术了，心里有说不出的高兴。第二天清晨，王七跑到师父那里，满以为师父会开始传授道术，哪知给了他一把斧头，叫他跟着师兄们一起上山砍柴。王七心里很不高兴，但也只得听从吩咐。山上到处是荆棘乱石，没到太阳下山，王七的手上、脚上都磨起了血泡。

转眼一个月过去了，王七的手脚上渐渐磨出了老茧，他再也受不了整天砍柴割草的劳累，起了回家的念头。晚上，王七和师兄们一起回到道观，看见师父和两个客人正谈笑风生地饮酒。天已经黑了，屋子里还没有点灯。只见师父拿起一张白纸，

崂山道士　李娟、周峰、杨顺和绘

> 讲故事

剪成一个圆镜模样,往墙上一贴。一瞬间,那张纸竟像月亮一样放出光芒,照得满屋通明。这时,一位客人说:"这么美妙的夜晚,如此欢乐的酒席,应该大家同乐一场。"道士拿起一壶酒递给徒弟们,叫他们尽情地喝。王七在一边暗暗思忖:我们这么多人,这一小壶酒,怎么够喝?大家将信将疑地拿起酒壶往碗里倒酒。真奇怪,倒来倒去,酒壶始终是满满的。王七心里很诧异。过了一会儿,另一个客人对道士说:"虽有明月高照,可光喝酒也没啥意思,要是有人伴舞就好了。"道士笑着拿起一根筷子,对准白纸点了一下,忽见月光中走出一个一尺长短的女子。她一落地,就和普通人一样高大,苗条的腰身,洁白的肌肤,衣带飘扬,唱起歌来。一曲歌罢,女子凌空而起,竟跳上了桌子,正当大家惊慌失措时,她已还原成一根筷子。看到这一切,王七目瞪口呆。这时一个客人说:"我真高兴,可是得回去了。"于是道士和两个客人移动酒席,挪进了月亮。月亮渐渐暗了下去,徒弟们点上蜡烛,只见师父独自坐着,客人已不知去向,只有桌子上留着剩酒剩菜。

又过了一个月,师父还是不传授一点法术,王七实在熬不住了,就去找师父。见到师父,王七说:"弟子远道而来,即使学不到长生不老的法术,您传给我一点别的小法术,也算是一个安慰。"王七见师父笑而不答,心中很着急,比画着说:"现在每天早出晚归,打柴割草,徒弟在家哪吃过这样的苦呀。"师父笑着说:"我早就断定你不能吃苦,现在果然如此。明天一早你就回家去吧。"王七央求道:"还求师父传我一点小本领,也算我没白来一趟。"师父问:"你想学什么法术?"王七说:"徒弟常见师父走路,墙壁都挡不住,就学这个好了。"师父笑着答应了,就叫王七随他来。他们来到一堵墙的跟前,师父把过墙的咒语告诉王七,叫他自己念。王七刚念完,师父用手一指,喊了一声"进墙去"。王七面对墙壁,两腿哆嗦,不敢上前。师父又喊:"试试看,走进去。"王七走了几步又停下来,师父不高兴地说:"低下头,往前闯。"王七硬着头皮往前奔,不知不觉就到墙的另一面了。王七高兴极了,赶紧拜谢师父。师父对他说:"回家后要勤恳做人。否则,法术是不会灵验的。"

王七回到家,对妻子夸口说:"我遇到了神仙,学会了法术,连墙壁都挡不住我。"妻子不信,说世上哪有这样的事。王七于是念起咒语,朝墙奔去。只听一声响,王七脑袋撞到墙上,跌倒在地。妻子赶紧把他扶起来,只见他额头上隆起了一个大疙瘩。王七拿拉着脑袋,像泄了气的皮球。妻子又好气又好笑:"世上就是有法术,像你这样两三个月也不能学会。"王七想起那天晚上,自己明明穿过了墙壁,于是怀疑道士捉弄自己,不由得大骂了崂山道士一阵。直到老死,王七仍然是一个不学无术的人。

【讲读提示】

1.世上没有什么事可以不费力气就能做成,不吃苦是学不到真本领的。

2.心术不正妄想投机取巧以侥幸取得成功,到头来不仅难以成功,反而会祸及自身。

十一、鲁班的故事

鲁班是我国古代一位出色的发明家,他生于公元前507年,姓公输,名班,因为是鲁国人,所以人们称他鲁班。2000多年以来,他的名字和有关他的故事,一直在广大人民群众中流传。我国的土木工匠们都尊称他为祖师。

今天,木工师傅们用的手工工具,如锯、钻、刨子、铲子、曲尺,画线用的墨斗,据传说,都是鲁班发明的。

而每一件工具的发明,都是鲁班在生产实践中得到启发,经过反复研究、试验出来的。就拿锯的发明来说吧。有一次,鲁班在完成一项紧急的建筑任务时,领着徒弟们上山一连伐了好几天树,他们起早贪黑,挥动斧头,可是木料还是供应不上,他心里非常焦急。一天天刚亮,鲁班在干活时,不小心被茅草的叶子划破了。他摘了一片草叶,发现草叶边缘生满了锯齿般的牙齿。

鲁班的故事　　杜大恺绘

一转身,他又看见一只大蝗虫正张着两个大板牙,很快地吃着草叶。鲁班捉了个蝗虫一看,它的板牙上也有利齿。看看茅草的叶子,再看看蝗虫的大板牙,他心里豁然开朗。他把毛竹劈削成条,在上面刻了很多像茅草叶和蝗虫板牙那样的锯齿。用它去拉树,只几下,树皮就破了;再一用力,树干锯出一道深沟。可是时间一长,竹皮上的锯齿不是钝了,就是断了。鲁班想,如果用铁条代替竹条,就会坚硬耐用。于是他马上请铁匠打了一个有锯齿的铁条,再用它去拉树,真是锋利极了。这就是锯的发明。

鲁班创造了木匠画线用的墨斗,那是他看到母亲用一个粉袋画裁衣服时受到启发的结果。墨斗刚做好时,鲁班每次弹线,都得请母亲帮忙,捏住墨线的一头。有时,母亲正在做衣服或煮饭,也不得不放下赶来帮忙。有一天,鲁班母亲对他说:"你做个小钩子,不就可以代替我捏着墨线了吗?"鲁班一听,对呀!他很快做成了一个。从此,一个人就可以弹墨线了。直到现在,木工师傅们还把这个小钩子叫"班母"呢?

鲁班的妻子也是一位巧妇,经常帮鲁班干活,鲁班刨木料时,妻子在对面抵着。这样,浪费人力,有时还抵不住。于是她在鲁班的工作凳上钉了个木橛子,顶住了木头。鲁班再刨时,稳当多了。这样,她也可腾出手来干别的活了。后来,人们把这个橛子叫作"班妻"。

鲁班是个木匠,使用斧头砍木料的技术很高,但是用斧子把木料砍得又平又光还是很难的。为此,鲁班又做了一把薄斧子,磨得很快,砍起来比以前好多了,可还是不

【讲故事】

理想。一次,鲁班见农人用耙子把地耙得很平,他从中受到启发,回家便制了一把平刃平面的刀,上面盖了块铁片,这回鲁班不砍了,他用这把刀在木料上推。一推,木料推下来薄薄一层木片,推了十几下,木头的表面又平整又光滑,比过去用斧头砍可强多了,可这东西拿在手里推时既卡手又使不上劲,鲁班又做了一个木座,把窄刀装在里面。刨子,就这样诞生了。

鲁班长年四处奔波,给人干活。这一天,他忙了一天,坐下来休息等东家做饭吃。但见这家人拿来麦子,放在石臼里,用沉重的石杵去捣。捣麦的人累得满头大汗,才捣碎了很少一点儿。因为麦粒是椭圆的,用劲小了,砸不碎;劲大了,又把麦粒砸跑了。真是有劲儿使不上。当时,人们都是用这种办法将麦粒捣成面粉的。鲁班看在眼里,想着如何改进这种笨重的捣麦方法。又一天,鲁班来到另一个地方干活,恰巧看到一个老太婆捣麦子。老太婆年岁大了,举不起石杵了。她扶着石杵,在石臼里研着麦粒。鲁班走过去一看,石臼里的麦粒有不少已经磨成了粉。鲁班从这里得到了启发。回到家,他找来两块大石头,把石料凿成两个大圆盘,又在每个圆盘的一面凿出一道道的槽,其中的一个大石盘,上面凿个洞,并安上木把,将两个石圆盘摞在一起,凿槽的两面相合,中心装个轴。他在圆盘的中间洞上放麦子,然后转动上面的石盘,麦粒从洞眼漏进两个石盘之间,很快从两石盘缝里转出来变成面粉。这就是2000年来,在我国农村曾经广泛使用过的石磨。

【讲读提示】

1. 鲁班并不是生来就能发明创造的天才,而是因为他生活、工作在劳动人民之中,他的发明创造,也是我国劳动人民的发明创造。鲁班的名字,是劳动人民勤劳与智慧的象征。

2. 这个故事告诉我们,要使自己越来越聪明,就要勤于观察以发现问题,敢于尝试、多动脑筋以解决问题。

十二、金斧头、银斧头和铁斧头

一个樵夫坐在河边哭,路过的白胡子老头看见了,问他:"你为什么哭呢?"樵夫说:"我的斧头掉进河里,我没法砍柴了。我母亲年老多病,我要是不能砍柴,就没法养活老母亲,更别说给她治病了。"白胡子老头说:"我可以帮你把斧头找回来。"说完,就跳入河里不见了。

一会儿,白胡子老头从河水里探出头来,手里拿着一把金光闪闪的斧头,问樵夫:"你掉的是这把斧头吗?"樵夫一看,那是一把金子做的斧头,他马上说:"不是,这不是我的,我的斧头是铁做的。"

又过了一会儿,白胡子老头又从河水里冒出来,拿着一把银光闪闪的斧头问他:"你掉的是这把斧头吗?"樵夫摇头说:"不是,我的斧头是铁做的,不是银做的。"

最后,白胡子老头拿着一把又旧又老的斧头跳出水面,问樵夫:"这是你掉的斧头吗?"樵夫很高兴地说:"是的!是的!谢谢你!"

白胡子老头说:"你很诚实,这另外两把斧头也送给你吧!"樵夫说:"那两把斧头不是我的,我只要我那把砍柴的斧头。不是我的东西我怎么能拿呢?"白胡子老头说:"这两把金斧头银斧头是我送给你的,你拿回去卖了给你母亲治病,还可以置办些家产,再娶个会过日子的媳妇吧。"说完就不见了。于是,樵夫拿着三把斧头回家了。

樵夫的邻居们听到这件事,一传十,十传百,很快就传开了。有个贪心的地主,听说这件事后,起了坏念头,以为只要丢一把斧头到河里去,就可以带回三把斧头,于是他到街上买了把旧斧头,也把斧头丢进河去,然后坐在河边大哭。

白胡子老头又出现了,地主告诉他自己掉了一把斧头在河里。

"这是你的吗?"白胡子老头从河水里摸出一把铁斧头。

"不是!不是!"地主摇着头急切地说。

"这是你的吗?"白胡子老头再摸出一把银斧头。

地主还是摇了摇头。他心想,银的也不错,但是金的更好。

"这个呢?"白胡子老头举着一把金光闪闪的斧头。

"就是这个。"地主没等白胡子老头开口说话,就一把抢过那把金斧头,拔腿就跑。只听"扑通"一声,地主因为高兴得过了头,一脚踩空,掉进了深深的河水里,再也没有上来。

樵夫变卖了金斧头和银斧头,为母亲治好了病,还娶了个如意的媳妇,从此过上了幸福的生活。

【讲读提示】

1. 这个故事说明,诚实的人会得到帮助,贪心的人必会遭到唾弃。所以做人要诚实,不可贪心。讲述时要根据白胡子老头、樵夫和地主的性格使用相应的语气和语调。

2. 凡事都按老套的经验去办,有时候会跌落陷阱里。

3. 有些事是可遇而不可求的,不是你的就不要强求。

第五章 成语故事

一、闻鸡起舞

东晋时的祖逖,从小勤练武术,钻研兵法,立志要做一番大事业。

刘琨也是个有抱负的年轻人,两人很快便成为好朋友。这天晚上,半夜过后,祖逖忽然被一阵鸡鸣声吵醒,他连忙把刘琨唤醒说:"这鸡鸣声把人吵醒,虽然很讨厌,但我们可以趁此机会早些起床练习武艺。"

"好啊!"刘琨欣然同意。于是两人来到院子里,专心地练起刀剑来。

从此,两人每到夜半,一听到鸡鸣,便起床练剑。不管是寒冬酷暑,还是雨雪晴天,没有一天不是这样。

当时,祖逖看到国家被戎狄军队攻陷了很多城池,非常着急,立刻上书皇帝,请求率兵北伐,收复失地。

闻鸡起舞　　全凤彬绘

皇帝很高兴,封祖逖为"奋威将军",带领军队北上。由于祖逖和刘琨作战英勇,不久便收复了很多北方的城池。

【讲读提示】

祖逖和刘琨非常勤奋,境界高远。他们不是为了获取个人功名利禄,而是要为国效力。他们志向远大,所以才会用超出常人数倍的刻苦努力,练就文韬武略。他们志同道合勤学苦练的故事,感动并激励着一代代立志报国的青年才俊。

二、守株待兔

战国时代宋国有一个农民,日出而作,日入而息。遇到好年景,也不过刚刚吃饱穿暖;一遇灾荒,可就要忍饥挨饿了。他想改善生活,但他太懒,胆子又特小,干什么都是又懒又怕,总想碰到送上门来的意外之财。

奇迹终于发生了。深秋的一天,他正在田里耕地,周围有人在打猎。吆喝之声四处起伏,受惊的小野兽没命地奔跑。突然,有一只兔子,不偏不倚,一头撞死在他田边的树根上。

当天,他美美地饱餐了一顿。

他心想,要是天天都能捡到野兔,日子就好过了。从此,他再也不肯出力气种地了。每天,他把锄头放在身边,就躺在树墩子跟前,等待着第二只、第三只野兔自己撞到这树墩子上来。世上哪有那么多便宜事啊。这农民当然没有再捡到撞死的野兔,而他的田地却荒芜了。

守株待兔　魏玉梅绘

【讲读提示】

1. 成语"守株待兔",具有较强的讽喻意味,讽刺那些不思进取,好逸恶劳,喜欢不劳而获的懒人。虽然故事没有交代最终结果,但是这个人的下场是可想而知的。

2. 这个故事还嘲讽了那些死守狭隘的经验而不知变通的蠢人。没有免费的午餐,天上掉馅饼的好事纯属幻想。付出才会有回报,但死守机遇是不在其列的。

3. 讲述最后一段时适宜运用调侃调侃的语气语调。

三、孟母三迁

孟子三岁的时候,父亲就去世了,留下他们母子俩相依为命。为了给父亲守坟,就把家搬到坟墓附近。时间久了,模仿能力很强的孟子就和小朋友们学着哭坟、挖土、埋"死人"和办丧事。他母亲看到了就摇摇头,心想:"不行,我不能让我的孩子住在这种地方了。"于是,孟母就把家搬到集市附近。集市上整天吵吵嚷嚷地叫着买卖东西,孟子觉得很有趣,就跟邻居的小孩儿玩杀猪、宰羊、买卖肉的游戏,学猪羊死去的声音和讨价还价。孟母看到了,皱起了眉头,心想:"这种环境也不适合我的孩子。"于是,又搬到了一所学校的旁边。这样,孟子天天都听到孩子们读书的声音,因此他就喜欢上了读书,然后跟母亲说:"我要去上学。"孟母听到了很高兴,心里想:"这里才是孩子应该住的地方!"

虽然孟子去读书了,可时间长了又厌烦了,他开始逃学了。有一次,孟子逃学跑回家,孟母正在织布,看到孟子这么早就回来,知道儿子是逃学回来的,就很生气地用剪刀把她所织的布剪断了。然后命令孟子跪下,严肃地跟他说:"学习就像织布,织布要一针一针地织,学习要一天一天地学。月月学,年年学,日积月累,才会学业有成。你这样半路逃学,就像我中途断织一样,不仅会前功尽弃,将来还会一事无成。"孟子开

> 【讲故事】

孟母三迁
中国传统故事美绘本·知识出版社

始只是吃惊,并不理解母亲的用意,听到这一席话,豁然开朗,再也不逃学了。

从此,孟子刻苦读书,长大后成为中国古代伟大的思想家、教育家,被后世称为"亚圣"。人们把他的学说和孔子的学说并称为"孔孟之学"。孟子的母亲也成为中国古代教育子女的榜样。《三字经》称赞说:"昔孟母,择邻处。子不学,断机杼。"

【讲读提示】

1. 关于人的发展问题。教育的目的,就是要把自然的人通过教育使之成为社会的人。一个人从生下来,到成长为人类社会的一员,是一个相对长的社会化过程。孩子在现实社会里学习社会的行为方式,同时参加各种集体活动,接受行动准则和价值体系,进而发展其社会性。因此,人的成长总是受环境的影响,从而形成各种思想观念和行为习惯,获得一定的生活知识和社会经验。这个故事说明很久以前人们就意识到环境与教育的关系。"近朱者赤,近墨者黑。""蓬生麻中,不扶自直;白沙在涅,与之俱黑。"

2. 环境对学生的影响是积极能动的。人们总是在社会实践活动中接受着环境的影响,同时也改造着环境,并在改造环境的过程中改造自己。所以家庭、学校和社会环境对学生的将来有着深远的影响。一个家庭中,家长的生活习惯、语言、行为、思想观念等对子女有着直接的影响;学校教师的言行举止,对学生也有直接的影响;社会上一些学生可见、可闻、可感的事物,对学生的价值观、人生观也有影响。孩子只有接近好的人、事、物,才能学到好习惯!

3. 教育要有选择性与主导性。从孟子母亲对他的教育,我们可知道择善而居,三迁而择邻,妙在选择。这种选择,体现了母亲教育子女的主导性。对于学校教育,对学生教育起主导作用的是教师,特别是班主任,学生的学习习惯、行为习惯、思想道德、人生观、价值观的形成和成长,取决于教师所把握的培养目标。因此,教师主导作用的发挥,能促进学生身心健康的积极发展。家庭教育和学校教育要适应社会的发展,符合发展中的道德规范,要以发展的观念去开展丰富多彩的教育活动,以促进学生全面发展。

四、削足适履

春秋时的楚灵王,有一次亲自率领战车千乘,雄兵 10 万,征伐蔡国。这次出征非常顺利。楚灵王看大功告成,便派自己的弟弟弃疾留守蔡国,全权处理那里的军政要务,然后点齐 10 万大军继续推进,准备一举灭掉徐国。楚灵王的这个弟弟弃疾,不但品质不端,而且野心极大,不甘心仅仅充当蔡国这个小小地方的首脑,常常为此而闷闷不乐。弃疾手下有个叫朝吴的谋士,非常工于心计,一天,他试探道:"现在灵王率军出征在外,国内一定空虚,你不妨乘此时引兵回国,杀掉灵王的儿子,另立新君,然后由你裁决朝政,将来当上国君还成什么问题吗!"弃疾听了朝吴的话,引兵返回楚国,杀死灵王的儿子,立哥哥的另一个儿子子午为国君。楚灵王在征讨途中闻知国内有变,儿子被弟弟杀死,顿时心寒,想想活在世上没有意思,就上吊自杀了。在国内的弃疾知道楚灵王死了,马上威逼子午自杀,自立为王,他就是臭名昭著的楚平王。

在晋国也发生了一件类似的事情:晋献公宠爱骊姬,对她的话总是言听计从。骊姬提出要将自己所生的幼子奚齐立为太子,晋献公满口答应,并将原来的太子,自己亲生的儿子申生杀害了。骊姬将这两件事做完了,但心中还是深感不踏实,因为晋献公还有重耳和夷吾两个儿子。此时,这两个儿子也都已经成人,骊姬觉得这对奚齐将来继承王位都是极大的威胁,便建议杀了重耳和夷吾兄弟俩,晋献公竟欣然同意。但他们的密谋被一位正直的大臣听到,立即转告了重耳和夷吾,二人听说后,立即分头跑到国外避难去了。

《淮南子》的作者评论这两件事说:"听信坏人的话,使父子、兄弟自相残杀,就像砍去脚指头去适应鞋的大小一样(削足适履),太不明智了。"

【讲读提示】

1.削足适履的意思,是指把大脚削小以穿上小巧的鞋子。比喻无原则、盲目地委屈自己去迁就不合理的事情,也比喻愚蠢地生搬硬套。

2.这两个故事发生的时间相近,性质基本相同,故事中的楚灵王和晋献公真是愚蠢至极,不仅不去阻止错误的事情发生,反而听任事情继续朝着很坏的方向发展,甚至助纣为虐,最终酿成悲剧,教训十分深刻。

五、卧薪尝胆

春秋末期,吴王阖闾打败楚国,成了南方霸主。吴国跟附近的越国素来不和。公元前 496 年,越国国王勾践继位。吴王趁越国刚刚遇到丧事,就发兵攻打越国。

吴王阖闾满以为可以打赢,没想到却打了个败仗,自己又中箭受了重伤,再加上年纪大,回到吴国,就咽了气。

吴王阖闾死后,儿子夫差继位。阖闾临死时对夫差说:"不要忘记报越国的仇。"

> 讲故事

夫差记住这个嘱咐，叫人经常提醒他。他经过宫门，手下的人就扯开了嗓子喊："夫差！你忘了越王杀你父亲的仇吗？"

夫差流着眼泪说："不，不敢忘。"他叫伍子胥和另一个大臣伯嚭操练兵马，准备攻打越国。过了两年，吴王夫差亲自率领大军去打越国。越国有两个很能干的大夫，一个叫文种，一个叫范蠡。范蠡对勾践说："吴国练兵快三年了。这回决心报仇，来势凶猛。咱们不如守住城，不要跟他们作战。"

勾践不同意，也发大军去跟吴国人拼个死活。两国的军队在太湖一带打上了。越军果然大败。越王勾践带了五千个残兵败将逃到会稽，被吴军围困起来。勾践弄得一点办法都没有了。他跟范蠡说："懊悔没有听你的话，弄到这步田地。现在该怎么办？"

范蠡说："咱们赶快去求和吧。"勾践派文种到吴王营里去求和。文种在夫差面前把勾践愿意投降的意思说了一遍。吴王夫差想同意，可是伍子胥坚决反对。

文种回去后，打听到吴国的伯嚭是个贪财好色的小人，就把一批美女和珍宝私下送给伯嚭，请伯嚭在夫差面前讲好话。经过伯嚭在夫差面前一番劝说，吴王夫差不顾伍子胥的反对，答应了越国的求和，但是要勾践亲自到吴国去。

文种回去向勾践报告了。勾践把国家大事托付给文种，自己带着夫人和范蠡到吴国去。勾践到了吴国，夫差让他们夫妇俩住在阖闾的大坟旁边一间石屋里，叫勾践给他喂马，范蠡跟着做奴仆。夫差每次坐车出去，勾践就给他拉马，这样过了两年，夫差认为勾践真心归顺了，就放勾践回到越国。

勾践回到越国后，立志报仇雪耻。他唯恐眼前的安逸消磨了志气，在吃饭的地方挂上一个苦胆，每逢吃饭的时候，就先尝一尝苦味，还自己问："你忘了会稽的耻辱吗？"他还把席子撤去，用柴草当作褥子。

勾践又给吴王送去美女西施。吴王夫差就更加只顾吃喝玩乐，无心国政，弄得国家日渐衰弱。经过20年的充分准备，勾践看时机已经成熟，就在吴国没有防备的情况下，领兵把吴国打得大败。夫差派

卧薪尝胆 豁志绘

人向勾践求和，范蠡坚决主张要灭掉吴国。夫差见求和不成，才后悔没有听伍子胥的忠告，非常羞愧，就拔剑自杀了。

【讲读提示】

1. 这是一个刻苦自励、立志雪耻、发奋图强的故事。通过这个故事，我们要认识到

人在逆境当中,更应该刻苦自励,只有这样才会有柳暗花明又一村的转机。

2.认识事物首要的是分清事物的性质,敌我之间是你死我活的对立关系,来不得半点慈软心肠,想当初西楚霸王项羽没能及时果断地除掉刘邦,最终由胜转败,落了个乌江自刎的悲剧结局。

六、饮鸩止渴

东汉时,担任过廷尉的霍谞,从小勤奋好学,少年时代就读了大量儒家经书,在当地出了名。霍谞有个舅舅名叫宋光,在郡里当官。由于他秉公执法,得罪了一些权贵,被他们诬告篡改诏书,而后被押到京都洛阳,关进监狱。宋光下狱后,霍谞的心情一直不平静。当时霍谞虽然只有15岁,但各方面都已经比较成熟。他从小常和宋光在一起,对舅舅的为人非常清楚,知道舅舅不可能干这种弄虚作假的事。他日思夜想该怎样为舅父申冤,最后决定给大将军梁商写一封信,为舅舅辩白。信中有这样一段话:"宋光作为州郡的长官,一向奉公守法,以便得到朝廷的任用。怎么会冒触犯死罪的险去篡改诏书呢?这正好比为了充饥而去吃附子,为了解渴而去饮鸩。如果这样的话,还没有进入肠胃,到了咽喉处就已经断气了。他怎么可能这样做呢?"梁商读了这封信,觉得很有道理,对霍谞的才学和胆识也很赏识,便请求顺帝宽恕宋光。不久,宋光被免罪释放,霍谞的名声也很快传遍了洛阳。

【讲读提示】

1.鸩:传说中的毒鸟,用它的羽毛浸的酒喝了能毒死人。饮鸩止渴的字面意思是喝毒酒解渴,比喻用错误的办法来解决眼前的困难而不顾及将来引发的后患;也比喻只看眼前的利益而不顾严重后果。霍谞用饮鸩止渴的道理来反证舅舅的清白,很有说服力。霍谞之所以能成功为舅舅辩冤情,一是缘于对舅舅为人的信任,即便是为自己的亲人,也要合情合理;二是缘于对大将军梁商的了解,他为人低调,他女儿又是皇后。所以想要解决问题,必须弄清问题的性质,抓住处理问题的要害或关键。

2.现实生活中,有许多的人,面对困境或利益,不是从长计议,而是饥不择食或急功近利,贸然采用饮鸩止渴的错误办法,不仅于事无补,反而自食恶果。

七、破釜沉舟

秦朝末年,秦二世派大将章邯去打赵国。赵军不敌,退守巨鹿,被秦军团团围住。楚怀王封宋义为上将军,项羽为副将,派他们率军去救援赵国。

不料,宋义把兵带到安阳后,接连46天停滞不进。项羽忍不住,一再要求他赶紧渡江北上,赶到巨鹿,与被围赵军来个里应外合。但宋义另有所谋,想让秦、赵两军打得精疲力竭再进兵,这样便于取胜。他严令军中,不听调遣的人,不管是谁都要杀。与此同时,宋义又邀请宾客,大吃大喝,而士兵和百姓却忍饥挨饿。

项羽忍无可忍,进营帐杀了宋义,并声称他勾结齐国反楚,楚王有密令杀他。将士们马上拥戴项羽代理上将军。项羽把杀宋义的原因报告了楚怀王,楚怀王只好正式任命他为上将军。

项羽杀宋义的事,震惊了楚国,并在各国有了成名。他随即派出两名将军,率2万军队渡河去救巨鹿。在获悉取得小胜并接到增援的请求后,他下令全军渡河救援赵军。

项羽在全军渡河之后,采取了一系列果断的行动:把所有的船只凿沉,去破烧饭用的锅,烧掉宿营的屋子,只携带三天干粮,以此表示决心死战,没有一点后退的打算。

这支有进无退的大军到了巨鹿外围,立即包围了秦军。经过9次激战,截断了秦军的补给线。负责围攻巨鹿的两名秦将,一名被活捉,另一名投火自焚。

在这之前,来援助赵国的各路诸侯虽然有几路军队在巨鹿附近,但都不敢与秦军交锋。楚军拼死决战并取得胜利,大大地提高了项羽的声威。

从此,项羽率领的军队成了当时反秦力量中最强大的一支武装。项羽也成了当时农民起义军的著名领袖人物,他和刘邦的起义军一起,很快推翻了秦朝的统治。

【讲读提示】

1. 破釜沉舟:把饭锅打破,把渡船凿沉。比喻不留退路,非打胜仗不可,下决心不顾一切地干到底。项羽敢于破釜沉舟,来源于坚定的信念和必胜的信心,也源自取胜的能力。如果没有这种信念、信心和能力,而去不留后路、不计后果地一味蛮干,只会败得一塌糊涂。

2. 有时候,斩断退路,也是一种新生。最后的一搏,也能让自己活得更精彩。这种有进无退的必胜决心,往往会让人发掘出最大的潜力,从而扭转颓势并转败为胜。

3. 只有在必须取胜而且能够取胜的情况下,才能采用破釜沉舟的办法。

八、邯郸学步

战国的时候,燕国有个年轻人,听说赵国的邯郸人走路的姿势潇洒优雅,非常好看。于是,这个青年决定去学习邯郸人走路的姿势。

他带上盘缠,跋涉千里,赶到赵国,踌躇满志地准备学习邯郸人走路的姿势。

在大街上,他看着形形色色的人来来往往,看得他眼发花,脚发抖,不知该怎样迈步子了。于是他决定跟在一个行人后面模仿,人家迈左脚,燕国青年也跟着迈左脚,人家迈右脚,燕国青年也赶紧迈右脚。但他的两只脚没有协调好,差一点把自己绊倒。

这个行人走远了,他又跟在另一个行

邯郸学步　瞿顺发绘

人身后亦步亦趋地学走路。别人走得随意优雅,但他学得磕磕绊绊,引得街上的路人都把他当作怪人,停下脚步看他,甚至还有人捂着嘴笑他。

就这样一连过了好几个月,燕国青年的盘缠眼看就快花光了,他只好准备回家。此时的他不但没有学会邯郸人走路的步法,而且还把自己原来走路的步法也忘了,竟然迈不开步子走路了。无奈,燕国青年只好四肢着地,爬着回去了。

【讲读提示】

1. 这个成语告诉我们,不要盲目地崇拜别人,如果因为仿效他人而丢掉自己本来的本领,真是大可不必。

2. 勤于向别人学习是值得肯定的,但学习一定要从实际出发,吸取别人的优点,弥补自己的短处,千万不能生搬硬套,刻意模仿。

九、井底之蛙

一口废井里住着一只青蛙。

有一天,青蛙在井边碰上了一只从海里来的大龟。

青蛙就对海龟夸口说:"你看,我住在这里多快乐!有时高兴了,就在井栏边跳跃一阵儿;疲倦了,就回到井里,睡在砖洞边一会儿。或者只留出头和嘴巴,安安静静地把全身泡在水里;或者在软绵绵的泥浆里散一会儿步,也很舒服。看看那些虾,谁也比不上我。而且,我是这个井里的主人,在这井里自由自在,你为什么不常到井里来游玩儿呢!"

井底之蛙 郝延鹏绘

那海龟听了青蛙的话,倒真想过去看看。但它的左脚还没有整个伸进去,右脚就已经绊住了。

它连忙后退了两步,把大海的情形告诉青蛙说:"你看过海吗?海的广大,哪止千里;海的深度,哪止千丈。古时候,十年有九年大水,海里的水,并没有涨多少;后来,八年里有七年大旱,海里的水,也不见得少了多少。可见大海是不受旱涝影响的。住在那样的大海里,才是真的快乐呢!"

井底的蛙听了海龟的一番话,吃惊地待在那里,再没有话可说了。

【讲读提示】

1. 这个青蛙对自己的生存环境非常满意,向海龟炫耀,殊不知海龟生存的大海比它的一口枯井要好上多少倍呢!也许,青蛙不曾想过,这口令它自豪的枯井其实是那么渺小,也不曾想到在自己的这块"小天地"外还有那一望无际的大海,辽阔无边的天

> 讲故事

空。青蛙的眼光是那么狭窄,心态是那么自满。

2. 这个故事让人很自然地联想到那些"两耳不闻窗外事,一心只读圣贤书"的同学。如果只满足于自己的那块小天地,就永远也不会明白外面世界的精彩与美好。同学们,我们可千万不能做井底之蛙啊!

十、走马观花

唐朝有位著名的诗人叫孟郊。他出身贫苦,从小勤奋好学,很有才华。但是,他的仕途却一直很不顺,从青年到壮年,好几次参加进士考试都落了第。他虽然穷困潦倒,甚至连自己的家人都养不起,但他性情耿直,不肯拜权贵走后门。他决心刻苦攻读,用自己的真才实学,叩开仕途的大门。这一年,孟郊又赴京参加了进士考试,41岁的孟郊终于考中了进士,他高兴极了。他穿上崭新的衣服,扎上彩带红花,骑着高头大马,在长安城里尽情地游览。京城美丽的景色使他赞叹,高中进士的喜悦又使他万分得意,于是,他写下了著名的诗篇:

"昔日龌龊不足夸,今朝旷荡思无涯;春风得意马蹄疾,一日看尽长安花。"

人们从"春风得意马蹄疾,一日看尽长安花"的诗句中引申出"走马观花"这个成语。

民间还有一个走马观花的传说,说是有一个媒人,给一个瘸腿男子和一个兔唇姑娘说媒。相亲的时候,让男孩骑马,女孩手持一朵花假装在嗅。直到两人成婚才发现上当。

来自六一儿童网成语故事《走马观花》

【讲读提示】

1. 走马观花是指骑在奔跑的马上看花,形容事情如意,心情愉快;后来多指大略地观察一下。现在主要用后一种意思。

2. 我们一定要深入细致地观察事物,如果只是粗略地观察,往往就会被表面现象所迷惑。

十一、刻舟求剑

有一个楚国人出门远行。他在乘船过江的时候,一不小心,把随身带着的剑落到江中的急流里去了。船上的人都大叫:"剑掉进水里了!"

这个楚国人马上用小刀在船舷上刻了个记号,然后回头对大家说:"这是我的剑掉下去的地方。"

众人疑惑不解地望着那个刃刻的印记。有人催促他说:"快下水去找剑呀!"

楚国人说:"慌什么,我有记号呢。"

船继续前行,又有人催他说:"再不下去找剑,这船越走越远,当心找不回来了。"

刻舟求剑　　刘明、尔东绘

楚国人依旧自信地说:"不用急,不用急,记号刻在那儿呢。"

直到船行到岸边停下后,这个楚国人才顺着他刻有记号的地方下水去找剑。可是,他怎么能找得到呢? 船上刻的那个记号是表示这个楚国人的剑落水瞬间在江水中所处的位置,掉进江里的剑是不会随着船行走的,而船和船舷上的记号却在不停地前进。等到船行至岸边,船舷上的记号与水中剑的位置早已不相关了。这个楚国人用上述办法去找他的剑,不是太糊涂了吗?

他在岸边船下的水中,白费了好大一阵工夫,结果毫无所获,还招来了众人的讥笑。

【讲读提示】

1. 世界上的所有事情,都是在不断地发展变化着的,要用变化的眼光来看待事物,绝不能用静止的眼光看问题。人们想问题、办事情,都应当考虑周全,三思而行。

2. 看待事物,处理事情,一定要遵循客观规律,一味地靠想当然去办事,必然会犯主观唯心主义的错误,因为脱离了实际。

十二、愚公移山

北山有一位叫愚公的人,年纪将近90岁了,靠着山居住。

老愚公苦于大山北面交通不便,进进出出都要绕远路,就召集全家来商量说:"我跟你们尽全力铲除这两座险峻的大山,使道路一直通向豫州的南部,到达汉水南岸,可以吗?"

大家纷纷表示赞成。

他的妻子提出疑问说:"凭借您的力气,连魁父这座小山都不能削平,能把太行、王屋这两座山怎么样呢？况且把土石放到哪里去呢？"

众人纷纷说："我们可以把它扔到渤海的边上去，隐土的北面。"于是愚公率领子孙中能挑担子的几个人，凿石挖掘，并用箕畚装了土石运到渤海的边上。

邻居京城氏的寡妇有个孤儿，才七八岁，刚刚换牙，也蹦蹦跳跳前去帮助他们。冬夏换季，才往返一次。

河湾上一位聪明的老头讥

愚公移山　李娜娴绘

笑愚公并制止他干这件事，说："你太不聪明了！就凭你衰残的年龄和剩下的力量，连山上的一棵草都不能损坏，又能把这两座大山上的土石怎么样呢？"

老愚公长叹一声，说："你的思想真顽固，简直到了不可改变的地步，连孤儿寡妇都比不上。即使我死了，我还有儿子在；儿子又生孙子，孙子又生儿子；儿子又有儿子，儿子又有孙子；子子孙孙没有穷尽，然而山却不会加大增高，愁什么挖不平山呢？"

聪明的老头没有话来回答。

拿着蛇的山神听说了这件事，怕愚公他们不停地挖下去，将这件事告诉了天帝。

天帝被老愚公的诚心所感动，命令大力神夸娥氏的两个儿子背负着两座山，一座放在朔东，一座放在雍南。从此，冀州的南部，到汉水南岸，没有山岗高地阻隔了。

【讲读提示】

1. 这个成语比喻做事要有十分坚强的毅力和不怕困难不怕牺牲的精神。无论多么困难的事情，只要有恒心有毅力地做下去，就有可能成功。尽管挖山的过程非常艰难，可是愚公还是矢志不渝、绝不动摇。如果孩子们也能有愚公一样锲而不舍的决心，那么任何困难都会被克服。

2. 愚公八九十岁的高龄还有向不可能挑战的雄心和毅力，这种精神值得效法。但是另一个方面也需要注意，做任何事情都要尊重客观规律、量力而行，不可一味蛮干。

十三、亡羊补牢

很久很久以前，有个人养了一圈羊。

一天早晨，他发现少了一只羊，仔细一查，原来羊圈破了个洞，夜里狼钻进来把羊叼走了一只。

邻居劝他说："赶快把羊圈修修，把洞堵上吧！"

那个人不肯接受劝告，说："羊已经丢了，还修羊圈干什么？多此一举。"

第二天早上，他发现羊又少了一只。

亡羊补牢　魏玉梅绘

原来,狼又从洞口钻了进去,又叼走了一只羊。

他很后悔自己没听从邻居的劝告,便赶快堵上窟窿,修好了羊圈。

从此以后,狼再也不能钻进羊圈叼羊了。

【讲读提示】

1.亡羊补牢:羊跑了再去修补羊圈,还不算晚。比喻出了问题以后及时想办法补救,可以防止继续受损失。犯了错误,遇到挫折,这是常见现象,只有能吸取教训,才能避免重犯错误。知道错了,要及时改正。

2.亡羊补牢,还不算晚。如果在羊还没有丢掉之前,就仔细检查羊圈,不让羊丢掉,岂不更好?

第六章 历史人物故事

一、孔子的故事

（一）曾子受杖

曾子，名参，字子舆，是春秋时期鲁国南武城人，从小就很孝敬父母，以其孝行而著称乡里。

一天，曾参与父亲曾皙一同在瓜地里劳作，曾参稍不留神，斩断了瓜苗的根，曾皙看到孩子不知爱惜物力，做事不谨慎，举起手上的大杖就向曾参的背部打去。

曾参见父亲因自己做错事而生气，心里很惭愧，也不逃避，就跪在地上受罚，可身体承受不住，便晕倒在地，不省人事，过了很久才慢慢苏醒过来。

曾参刚睁开眼睛，就想到了父亲。为让父亲安心，他欢欢喜喜地爬了起来，整理好衣冠，恭恭敬敬地走到父亲面前行礼，向父亲问道："父亲大人，刚才孩儿犯了大错，使得父亲费了很大的力气来教育我，不知您的身体有没有什么不舒服的地方？"

问候完父亲，父亲见曾参似乎没有什么大碍，稍放了心，曾参于是退回了房间，拿出琴开始高声弹唱起来，他希望欢快的音乐与歌声能传到父亲的耳中，让父亲更加确认自己的身体无恙，可以安心。

孔 子

听到的人都很敬佩曾参对父亲的孝顺，可当孔子听说了此事后，反而不高兴，对门下的弟子们说："曾参来了，不要让他进来。"

弟子们有些奇怪。曾参知道后，内心很是惶恐不安，老师如此生气，一定是自己有做得不好的地方，可仔细检点反省，却又不认为自己有什么过错。于是，就请了其他同学去向老师请教。

孔夫子向前来请教的弟子说道："你们难道没有听说过吗？从前，有一位瞽瞍，他有一个孩子名叫舜。舜在侍奉他父亲的时候非常尽心,每当瞽瞍需要舜时,舜都能及时地侍奉在侧;但当瞽瞍要杀他的时候,却没有一次能找到他。当是小的棍棒,能承受的就等着受罚;可如果是大的棍棒时,就应该先避开。这样,瞽瞍就没有犯下为父不慈的罪过,既保全了父亲的名声,舜也极尽自己孝子的本分。而如今,曾参侍奉他的父亲,却不知爱惜自己的身体,轻弃生命直接去承受父亲的暴怒,就算死也不回避。倘若真的死了,那不是陷父亲于不义么?哪有比这更不孝的呢?你难道不是天子的子民吗?杀了天子子民的人,他的罪过又怎么样呢?"

弟子们听了老师的开导后恍然大悟,当曾参听到了夫子这些话后,也一下子醒悟过来,感叹地说:"我犯的错,真是太大了啊!"于是就很诚恳地去向孔夫子拜谢并悔过。

(二)子贡赎人与子路受牛

据《吕氏春秋》记载,鲁国有一条法律,鲁国人在国外沦为奴隶,有人垫付赎金赎人后,可以到国库中领取赎金。有一次,子贡在国外赎了一个鲁国人,回国后拒绝到国库中领取赎金。孔子说:"子贡呀,你采取的不是好办法。从今以后,鲁国人就不肯再替沦为奴隶的本国同胞赎身了。你如果收回国家的补偿金,并不会损害你的行为的价值;而你不肯拿回你垫付的钱,别人就不肯再赎人了。"

有一天,子路救起一名落水者,那人为了答谢他,送给他一头牛,子路就收下了。孔子说:"子路做得很好。因为这样一来,鲁国人一定会勇于救落水者了。"

【讲读提示】

1."孝顺",既要"孝"又要"顺",但真正的孝道,不只是表面的"顺",更主要的是要善于体察父母的心,能够不使父母的德行受损。中国传统文化中讲的"孝顺"的含义,是顺父母的性德。当父母有过失的时候,就要婉言相劝,正如《弟子规》中所教诲的"亲有过,谏使更。怡吾色,柔吾声。谏不入,悦复谏"。如果父母正在气头上,就要见机行事,顺势而为;如果事关重大那就"号泣随,挞无怨"。

2.孔子批评曾子,因为曾子父亲生气时不能控制情绪,若用力过猛将儿子打死不是让他遭受到失去儿子的痛苦吗?孝应当从父母的根本利益、长远利益着想,而不是愚孝。父母有过错时,动之以情,晓之以理,多方劝解,分清是非;而不能听之任之,唯命是从,更不能助长其错误。

3.孔子认为,子路的行为是对的,这种行为是在倡导一种规则,即善有善报,付出就应该得到回报。子贡的行为是错的,报销垫付赎金是国家为了达到救赎国人的目的而制定的一种规则,并不是所有的人都具有子贡那样的觉悟和财力。子贡的所为,把这条规则打乱了,以后其他人就不会愿意为赎人而垫付赎金了。社会秩序要靠规则来维持,无论何人都应该遵循规则。这就是孔子所谓"子路受而劝德,子贡让而止善"的道德标准。

4.孔子对一种道德行为的评价,重点不在于细究好人好事背后是否有纯粹的道德心,而在于看此种行为能否形成良好的道德激励。如果一味地强调道德的高尚性,而

> 讲故事

忽视了好人好事应有的社会回报,那么道德行为就有难以为继的危险。不求任何回报固然高尚,但并非人人都能做到,也并非长久可行。只讲精神奖励,不讲物质奖励,甚至以精神奖励来抵消物质奖励,久而久之人们便会丧失进步的动力。管理也是如此,对公司和社会有贡献的人和事,不仅要给予精神奖励,更重要的是要给予实实在在的物质待遇,使贡献者受到组织和社会的真正肯定,以此形成一个比工作、比贡献的良好风气。并且对这种按贡献取酬的行为还要建立有效的机制,保障这种行为的长效性。

二、韩信忍辱

韩信是淮阴人,是秦汉之际的著名大将,军事家。

韩信自幼家贫,但喜好读兵法,不愿下地劳动。行为操守又不很好,所以,他没能被推荐做一个小吏,又不能经商谋生,就常常跟着别人混点吃喝,人们大都厌烦他。有一次,他在一位亭长家里寄食了好几个月,亭长的妻子甚为苦恼。一天,吃饭的时间到了,韩信又像往常一样前去,却发现亭长的妻子并没有准备他的食具。亭长的妻子因为嫌恶他,就提前做好饭,端到内室床上去吃。韩信知道了她的意思,愤然离去,再也没回去过。

一天,淮阴县的屠夫中有一少年嘲讽韩信说:"你虽然长得很高大,又喜欢佩带刀剑,但实际上你非常胆小。"众人都羞辱韩信,其中一少年说:"你如果不怕死,就拿

韩信忍辱

剑刺我;你如果不敢刺,就从我的胯下钻过去。"韩信手握剑柄,心中十分愤怒,真想拔剑杀了这个家伙。但杀人要偿命,自己的抱负便无从施展了。韩信想了想,就趴在地上,在一片嘲笑声中从无赖的胯下爬了过去。满街的人都认为他是个十分怯懦的人。

韩信终日游荡,生活无计。一日走在河边,腹中十分饥饿。碰巧河边有一老妇在漂布,韩信就上前向老妇讨饭吃。老妇回家拿了些饭菜带给韩信,韩信得以饱食了一顿。韩信十分感激老妇,向老妇许愿说将来一定报答她。不想老妇生起气来,对韩信道:"我并不是可怜你才拿饭菜给你吃,看你一副相貌堂堂的样子,何故落魄到这样的地步呢?大丈夫不去报效国家,难道只会对漂布的老妇指手画脚吗?"韩信听后十分羞愧,下决心一定要做一番大事业。

韩信曾仗剑跟随项羽,但项羽却没有重用他。后来他离开楚军投奔了汉军,但也没有得到重用。有一次,他因犯法当斩。和他一同受罚的13个人都已被斩,轮到他时,他仰头往上看,正好看见行刑的滕公。韩信说:"主上难道不想成就天下大业吗?那为何要斩壮士呢?"滕公觉得他言语奇特,外貌不凡,就放了他,没有斩他。然后再与他交谈,不由得十分喜欢,连忙向刘邦回禀。不过刘邦并未重视他,只是封他做了一个小官。韩信愤而逃走,深知其能的丞相萧何亲自连夜将他追回,又在刘邦面前力荐,韩信终于被刘邦以隆重的礼节仪式任命为大将军。

被封为楚王后,韩信回到淮阴,召唤曾经让自己从胯下爬过的人,让他担任楚国的中尉。韩信对文官武将说:"这个人是个壮士。从前侮辱我的时候,我为什么不杀他呢?因为杀他没有正当的理由,而且还得偿命,因此我忍下了,这才有了今天。"

【讲读提示】

1. 怒绝亭长,着重表现了韩信屈辱之中的自尊。人处在再不堪的境地,也不能没有自尊。

2. 胯下受辱,侧重表现韩信的忍辱负重。他隐忍的勇气和不屈、奋进的精神值得学习。有道是大丈夫能屈能伸,冲动是魔鬼。

3. 漂母饭信,在表现了韩信无奈的同时,也表现了他的自信和抱负。不怕境遇坏,就怕没志气。

三、苏武牧羊

汉武帝派卫青、霍去病打败了匈奴,又派张骞通西域,都还顺利。匈奴逃到漠北,休息了好几年,表面上又要跟汉朝和好了。单于把被扣留的使者放了回来。汉武帝就派中郎将苏武送匈奴的使者回去。

但是,苏武到了匈奴,单于对苏武不讲礼貌。苏武没想到,以前有个汉朝的使者叫卫律,投降了匈奴,匈奴封他为王。卫律有个副手叫虞常,见卫律替匈奴出主意侵犯中原,老想杀了卫律后逃回去。他跟苏武的副手张胜本来是朋友,就暗地里对张胜说,准备把卫律杀死。

张胜愿意帮他暗杀卫律。谁知道泄漏了消息,单于叫卫律审问虞常,张胜害怕,把虞常跟他说的话告诉了苏武。苏武着急了,堂堂使者,如果像犯人一样被匈奴审

苏武牧羊

讲故事

问,会给朝廷丢脸,他就拔出刀来向脖子上抹去。张胜和另一个副手常惠连忙夺下刀,没让他死。单于叫卫律劝苏武他们投降。

苏武一见卫律来叫他投降,又拔出刀来向脖子上抹去。卫律慌忙把他抱住,苏武已经倒在地上,浑身是血。卫律叫人去请医生。常惠他们哭得不成样子。医生给苏武灌了药,让他醒过来,然后给他涂上药膏,包扎好伤口,把他抬到营房里去。张胜就被关到监狱里去了。

单于早早晚晚派人去问候苏武,还叫卫律想办法劝他投降。卫律想,软劝不成来硬的。他先举起刀来吓张胜。张胜贪生怕死,投降了。卫律又拿起刀来要砍苏武,苏武脖子一挺,不动声色地等着。这一挺,反倒叫卫律的手缩回去了。

卫律又软下来对苏武说自己投降了匈奴,单于封他为王,给了几万名手下人和满山的马群。苏武今天投降,明天就跟他一样,要不然,恐怕不能再见面了。

苏武指着卫律的鼻子,骂道:"卫律!你忘恩负义,背叛朝廷,厚颜无耻地投降敌人做了汉奸,我为什么要跟你见面?我决不会投降,要杀要剐都由你!"

卫律无耻地去向单于报告,单于更要想办法叫苏武投降了。他想折磨苏武,叫他屈服,就把他下了地窖,不给他吃的、喝的。这时候正好下大雪,苏武就吃着雪和扔在地窖里的破皮带、羊皮片什么的。

过了几天,单于见苏武还活着,以为老天爷在帮苏武,就把他放出来,要封他为王,他不干。单于只得把他送到北海,叫他在那边放羊,还说哪天公羊下小羊,让他再回去。

苏武到了北海,匈奴不给口粮,他就挖野菜,逮田鼠吃。死活他都不在乎,最叫他念念不忘的是,他是汉朝的使者。他拿着使节放羊,抱着使节睡觉,他想总有一天能拿着使节回去。

一年一年地过去了,苏武手里的那个代表朝廷的使节上的穗子全掉了。可是他把那个光杆子的使节看成自己的命根子。

公元前87年,汉武帝死了,即位的汉昭帝才8岁。公元前85年,匈奴起了内乱,单于没有力量再跟汉朝打仗,又打发使者要求和好。汉昭帝派出使者来到匈奴,要求放回苏武、常惠等人。匈奴骗使者说苏武已经死了。

第二次,汉朝又派使者到匈奴去。常惠买通了单于的手下人,私底下跟使者见面。使者明白了底细,就严厉地责备单于说:"我们皇上在上林园射下了一只大雁,大雁的脚上拴着一条绸子,是苏武亲笔写的一封信。他说他在北海放羊。您怎么可以骗人呢?"

单于听了吓了一大跳,说:"苏武的忠义感动飞鸟了!"他向使者道歉,答应一定送回苏武。

当初苏武出使时,随从的人有一百多,这次跟着他回来的只剩了常惠等几个人了;苏武出使时刚40岁,在匈奴受难19年,今天终于回国了。长安的人民听说苏武回来,都出来夹道欢迎。他们瞧见白胡须、白头发的苏武没有不受感动的,说他真是个大丈夫。

艰难的岁月改变了他的容颜，却改变不了他忠于祖国的赤子之心。

【讲读提示】

1. 苏武这种坚持气节与操守，始终不忘自己职责的人，正是我们中国历史上的脊梁，他的精神已深深渗入我们民族的血液之中。

2. 人要经得起磨炼和考验。

3. 疾风知劲草，日久见人心。

四、刘备三顾茅庐的故事

官渡大战后，曹操打败了刘备。刘备只得投靠刘表。

曹操为得到刘备的谋士徐庶，就谎称徐庶的母亲病了，让徐庶立刻去许都。徐庶临走时告诉刘备，隆中有个奇才叫诸葛亮，如果能得到他的帮助，就可以得到天下了。

第二天，刘备就和关羽、张飞带着礼物，到隆中去拜访诸葛亮。谁知诸葛亮刚好出游去了，书童也说不准什么时候回来。刘备只好回去了。

过了几天，刘备和关羽、张飞冒着大雪又来到诸葛亮的家。刘备看见一个青年正在读书，急忙过去行礼。可那个青年是诸葛亮的弟弟。他告诉刘备，哥哥被朋友邀走了。刘备非常失望，只好留下一封信，说渴望得到诸葛亮的帮助，平定天下。

转眼过了新年，刘备选了个好日子，又一次来到隆中。这次，诸葛亮正好在睡觉。刘备让关羽、张飞在门外等候，自己在台阶下静静地站着。过了很长时间，诸葛亮才醒来，刘备向他请教平定天下的办法。

三顾茅庐　杨青华绘

诸葛亮给刘备分析了天下的形势，说："北让曹操占天时，南让孙权占地利，将军可占人和，拿下西川成大业，和曹、孙成三足鼎立之势。"刘备一听，非常佩服，请求他相助。诸葛亮答应了。那年诸葛亮才27岁。

刘备尊诸葛亮为军师，对关羽、张飞说："我有了孔明，就像鱼儿有了水一样！"

诸葛亮初出茅庐，就帮刘备打了不少胜仗，为刘备奠定了蜀汉的国基，并且开创了三国鼎立的局面。

> 讲故事

【讲读提示】

1."三顾茅庐"这个成语,比喻访贤求才,真心诚意地邀请别人帮助自己。

2.刘备三顾茅庐,是真心实意的,足以感天动地,实属古今罕见。刘备与诸葛亮促膝谈心、倾心相待,刘备对诸葛亮言听计从,并力排众议,将人、财、物权交给山野书生诸葛亮,委以军师重任,号令三军。用人不疑,肝胆相照,不搞论资排辈,在封建帝王中实在少见,所以诸葛亮才愿意肝脑涂地报答知遇之恩。

五、岳飞精忠报国

800多年前,河南省汤阴县岳家庄的一户农民家里,生了一个小男孩。他的父母想:"给孩子起个什么名字好呢?"就在这时,一群大雁从天空而过,父母高兴地说:"好,就叫岳飞。愿吾儿像这群大雁,飞得又高又远。"这名字就定下来了。

岳飞十五六岁时,北方的金人南侵,宋朝当权者腐败无能,节节败退,国家处在生死存亡的关头。一天,岳母把岳飞叫到跟前,说:"现在国难当头,你有什么打算?"

"到前线杀敌,精忠报国!"

岳母听了儿子的回答,十分满意,"精忠报国"正是母亲对儿子的希望。她决定把这四个字刺在儿子的背上,

岳母刺字　汪玉山绘

让他永远铭记这一誓言。岳飞解开上衣,请母亲下针。岳母问:"你怕痛吗?"岳飞说:"小小钢针算不了什么,如果连针都怕,怎么去前线打仗!"岳母先在岳飞背上写上字,然后用绣花针刺了起来。刺完之后,岳母又涂上醋墨。从此,"精忠报国"四个字就永不褪色地留在了岳飞的后背上。

后来,岳飞奔赴前线,英勇杀敌,立下赫赫战功,成为一名抗金名将。

岳飞和抗金名将宗泽、韩世忠等一道,站在抗金斗争的最前线。可是,腐败的北宋统治集团,采取妥协、投降的政策,1127年(靖康二年),徽宗赵佶、钦宗赵桓被金人掳走后,继而接位的南宋小朝廷头目赵构,同样是个投降派。他偏安于江南一地,沉醉于歌舞享乐之中,没有真正组织抗金民族战争并把它进行到底的决心和打算,所不同的是一面信用秦桧等投降派,通过他们出面进行一系列议和投降活动;一面则利用宗泽、岳飞、韩世忠等抗战派,抵挡金军的凌厉攻势,以保住他的皇帝宝座,积累屈膝求和的资本。

到了12世纪20年代中期,东自江淮、西至陕西一线的宋、金双方对峙的军事分界线形成后,赵构、秦桧统治集团,实际上已经成了南宋抗金斗争最大的绊脚石;反过来,岳飞、韩世忠等抗战派,则成了赵构、秦桧投降派活动的最大障碍。南宋朝廷内部抗战派与投降派的斗争,日趋尖锐。岳飞坚决反对议和,主张抗战到底,置个人荣辱安危于度外,对赵构、秦桧的投降活动进行坚决斗争。1139年(绍兴九年),岳飞听说宋金和议将达成,立即上书表示反对,申言"金人不可信,和好不可恃",并直接抨击了相国秦桧出谋划策、用心不良的投降活动。和议达成后,高宗赵构得意忘形,颁下大赦诏书,对文武大臣大加奖赏。可是,诏书下了三次,岳飞都加以拒绝,不受开府仪同三司(一品官衔)的爵赏和3500户食邑的封赐。他在辞谢中,痛切地表示反对议和:"今日之事,可危而不可安,可忧而不可贺。"并再次表示收复中原的决心,"愿定谋于全胜,期收地于两河,唾手燕云,终欲复仇而报国"。这无异于给宋高宗当头泼了冷水,从而更使赵构、秦桧怀恨在心。但岳飞不顾个人得失,坚持抗战到底的立场,率领军队,联络北方义军,卓有成效地从事抗金战争,筹划收复中原、统一祖国,成为全国抗金民族战争中的有力支柱。

　　1139年夏,金兀术撕毁绍兴和议,倾巢而出,再度发动大规模的对宋战争。在东、西两线军队取得对金大捷的形势下,岳飞挥兵从长江中游挺进,实施锐不可当的反击,他一直准备着的施展收复中原抱负的时机到来了。岳家军进入中原后,受到中原人民、忠义民兵的热烈欢迎。这年七月,岳飞亲率一支轻骑驻守河南郾城,和金兀术15000精骑发生激战。岳飞亲率将士,向敌阵突击,大破金军"铁浮图"(侍卫亲兵)和"拐子马"(左右两翼钳攻的骑兵),把金兀术打得大败。岳飞部将杨再兴,单骑闯入敌阵,想活捉金兀术,可惜没有找到,手杀敌人数百,身被几十处创伤,英勇无比。岳家军将士具有"守死无去"的战斗作风,敌人以排山倒海的大力,也不能把岳家军阵容摇动。郾城大捷后,岳飞乘胜向朱仙镇进军(离金军大本营汴京仅45里),金兀术集合了十万大军抵挡,又被岳飞打得落花流水。岳飞这次北伐中原,一口气收复了颍昌、蔡州、陈州、郑州、郾城、朱仙镇,消灭了金军有生力量,金军全军军心动摇,金兀术连夜准备从开封撤逃。南宋抗金斗争有了根本的转机,再向前跨出一步,沦陷十多年的中原,就可望收复了。岳飞兴奋地对大将们说:"直抵黄龙府,与诸君痛饮尔!(破掉酒戒庆祝)"而金军则发出了"撼山易,撼岳家军难"的哀叹。

　　但是,外敌难以撼动的岳家军,却遭到了南宋朝廷内部投降派的摧残。就在抗金战争取得辉煌胜利的时刻,高宗赵构因担心一旦中原收复,金人放回他的哥哥钦宗,他就保不住皇位,而急切地希望与金人议和。金人安插在南宋朝廷里窃取了宰相高位的内奸秦桧,也抓住高宗这个难言的心病大肆活动,破坏岳飞的抗战。他们狼狈为奸,密谋制订了全线撤军、葬送抗金大好形势的罪恶计划。他们首先命令东西两线收兵,造成岳家军孤军突出的不利态势后,却以"孤军不可久留"为名,连下12道金牌,急令岳飞班师。岳飞明知这是权臣用事的乱命,但为了保存抗金实力,不得不忍痛班师。岳飞愤慨地说:"十年之功,废于一旦!所得诸郡,一朝全休!社稷江山,难以中兴!乾

【讲故事】

坤世界,无由再复!"岳飞的抗金英勇斗争,至此被迫中断。岳家军班师时,久久渴望王师北定中原的父老兄弟,拦道恸哭。岳飞为了保护老百姓的生命财产,故意扬言明日渡河,吓得金兀术连夜弃城北窜,准备北渡黄河,使岳飞得以从容地组织河南大批人民群众南迁到襄汉一带,才撤离中原。这时,有一个无耻的书生,骑马追上金兀术:"太子(兀术)毋走,京城可守也,岳少保兵且退矣!……自古没有权臣在内,而大将能立功于外者。"金兀术这才又整军回到开封,不费吹灰之力,又把中原土地夺了回去。

岳飞一回到临安,立即陷入秦桧、张俊等人布置的罗网。1141年,他遭诬告"谋反",被关进了临安大理寺。监察御史万俟卨亲自刑审、拷打,逼供岳飞。与此同时,宋金政府之间,正加紧策划第二次和议,双方都视抗战派为眼中钉,金兀术甚至凶相毕露地写信给秦桧:"必杀岳飞而后可和。"在内外两股恶势力夹击下,岳飞正气凛然,光明正大,忠心报国。从他身上,秦桧一伙找不到任何反叛朝廷的证据,但岳飞却仍于绍兴十一年(1142年)农历除夕夜,被赵构"赐死",杀害于临安大理寺内,年仅39岁。岳飞部将张宪、儿子岳云亦被腰斩于市门。

岳飞父子及张宪死于奸臣昏君之手,激起了抗金军队和老百姓的强烈愤怒,韩世忠当面质问秦桧,秦桧支吾其词:"其事体莫须有。"民族英雄岳飞,就在"莫须有"的罪名下,含冤而死。临死前,他在供状上写下"天日昭昭,天日昭昭"8个大字。

【讲读提示】

1.岳飞虽然被杀害了,但他精忠报国的业绩是不可磨灭的。正是他,表达了被压迫民族的要求,坚持崇高的民族气节,在处境危难的条件下,坚持了抗金的正义斗争,使南宋人民免遭金统治者的蹂躏,不愧是我国历史上一位杰出的民族英雄。

2.没有国哪有家?在忠孝难以两全的时候,应该舍弃小家,为国效力。

3.岳飞被冤杀了也自始至终无丝毫后悔,更无反叛朝廷之意,临死前只写下"天日昭昭,天日昭昭"8个大字来表达自己的忠贞,他不谋私利、一心为公的品格值得千秋万代华夏儿女颂赞、学习。

六、一片丹心照汗青的文天祥

文天祥小的时候,父亲教他读书,而且总是喜欢在功课之外给他讲一些做人的道理,这些道理让小文天祥受益匪浅。

一天,父亲和他在书房读书,一阵凉风吹来,窗外的竹叶发出一阵细微的声响。父亲喜欢竹子,所以家里种了好多。小文天祥看着窗外几百棵翠竹,不禁问道:"您为什么这样喜欢竹子?"

父亲拉着他走到窗前指着窗外的亭亭玉立、硬朗有节的绿竹对他说:"你想想看,竹子还在没出土的竹笋时就已经有节了,就像人从小就要有节操;而竹子长到了凌云的高度竹竿里还是空心的,就像很多人在取得了非凡的成就后依然很虚心一样;竹叶也不像别的树叶天气寒冷就会凋落,现在即使是冬天依然是翠绿的,它有一种坚强不屈的性格。竹子本身也是,你可以将它折断,但却不能让它一直弯曲地存在着,就像人一样宁折不变。所以说,竹子本身的构造很有寓意,象征着人的一些美好品质,做人也要这样才行啊!"文天祥听得入了神,也从心底萌发了对竹子的喜爱之情。还将"像竹子一样做人"的话写成条幅,并当成座右铭贴在床头,挂在书桌前,以警示自己。

长大后文天祥果然实现了自己的誓言。在元朝军队入侵宋朝时,他自己招募军队,反抗侵略。在不幸被俘后,面对高官厚禄的引诱不为所动,最后被杀,成为著名的民族英雄。而他的壮节高义,也鼓励着一代代中华儿女。

公元1275年,元军侵略南宋。元军在元朝统帅伯颜的率领下,离南宋的都城临

文天祥　孟宪江绘

安只有30里路。大兵压境,南宋朝廷无计可施,决定求降。伯颜声明,只有南宋的丞相才有资格与他谈判。

这时,南宋朝廷的左右丞相都闻讯逃跑了,朝廷只好让文天祥为右丞相,去和伯颜谈判。

文天祥见了伯颜后,义正词严地问:"贵国是要与我国交好呢,还是要灭掉我国?"

"我们不想灭掉宋国!"

"既然如此,请你们后撤百里,以表诚意,否则我们将以死相拼!"

伯颜感到文天祥像是向元朝下挑战书的,就扣留了他,并让其随行人员回去传话说,如果南宋不投降,元军马上就发起进攻。

南宋朝廷在伯颜的威胁下,向元军投降。文天祥得知真相后,痛哭流涕,仰天长叹。

4年后,文天祥带兵到广东潮阳抗元,全军覆没,文天祥被俘。

元世祖很钦佩文天祥的忠心,把他软禁在大都的"会同馆"里,每天派人去轮番劝降,但都被文天祥骂走了。元世祖见劝降不成,就把他移送到兵马司衙门,戴上脚镣手铐囚禁起来。在狱中艰苦的环境下,文天祥写下了千古传诵的《正气歌》,留下了"人生自古谁无死,留取丹心照汗青"的千古名句。

过了几年,元世祖决定亲自劝降文天祥。

文天祥见了元世祖,不肯下跪。元世祖和颜悦色地劝说道:"你的忠心,我非常佩服。如果你能改变主意,做元朝的臣子,我仍旧让你当丞相,怎么样?"

文天祥慷慨地说:"我是宋朝的宰相,怎么能再做元朝的臣子?如果这样,我死了以后,哪还有脸去见地下的忠臣烈士?"

元世祖说:"你不愿做丞相,做个枢密使怎样?"

文天祥看了看元世祖,斩钉截铁地说:"我别无他求,只求一死!"

元世祖知道劝降已没有希望,就下令把文天祥处死。

刑场上,文天祥面色从容。他对监斩官说:"我的祖国在南方,我要面对南方而死!"说完,整整衣冠,朝南方拜了几拜,仰天长叹道:"我事已毕,心无悔矣!"

【讲读提示】

1. 清朝的乾隆皇帝评价文天祥:"忠诚之心不徒出于一时之激,久而弥励,浩然之气,与日月争光。该志士仁人欲伸大义于天下者,不以成败利钝动其心。"

2. 文天祥的忠,主要是对江山社稷的大忠,而不单是一般臣子对皇帝的个人之忠。他是忠于节义和道德。与其背恩弃信以求生且享受高爵厚禄,不如引颈慷慨赴死而"留取丹心照汗青"。

七、铁杵磨针成就诗人李白

李白是唐代的大诗人,但是小时候读书并不用功。有一天,他的书读到一半,就不耐烦了:"这么厚的一本书,什么时候才能读完啊!"于是他干脆不读了,把书一扔就溜出去玩。

李白快乐地跑着,忽然,他看见一位老奶奶正在磨刀石上用力地磨着一根铁棒。李白觉得很奇怪,便蹲了下来,傻傻地看了好一阵。老奶奶也不理会他,只是全神贯注地磨着。后来,李白忍不住了,问道:

"奶奶,您这是干什么呢?"

"我在磨一根针来缝衣服。"老奶奶头也不抬,专心地磨。

"磨针?"李白更加奇怪了,"这么粗一根铁棒怎么能磨成针?"

铁杵磨针　段伟君绘

老奶奶这才抬起头来说:"孩子,铁棒再粗,我天天磨,还怕它磨不成一根针吗!"

李白听了,恍然大悟,"对呀!只要有恒心,再难的事情也能做成功的,读书不也是这样吗!"

于是他便立刻转身跑回家去,拾起扔在地上的书本,专心地读,从此再也不敢偷懒了。后来,他终于成了中国历史上一位伟大的诗人。

【讲读提示】

1. 这个故事比喻只要长期努力不懈,再难的事情也能成功。俗语说的"只要功夫深,铁杵磨成针"就是这个道理。

2. 李白被人们称为"诗仙",是个很有才华的伟大诗人,但是连这么有才华的人都需要刻苦学习,那么普通人不就更需要努力了吗?因此同学们,无论我们的才华、天资如何,都应该努力学习;无论什么事都应该持之以恒,这样才能成功。

3. "天才在于勤奋"。古今中外,凡是有杰出贡献的人物,都有一个共同的特点,那就是勤奋。

八、爱国诗人屈原

屈原(约公元前339年—约公元前278年),名平,字灵均,战国末期楚国人,楚武王熊通之子屈瑕的后代。屈原虽忠事楚怀王,但却屡遭排挤,怀王死后又因顷襄王听信谗言而被流放,最终投汨罗江而死。屈原是中国最伟大的浪漫主义诗人,也是我国已知最早的著名诗人,世界文化名人。他创立了"楚辞"这种文体,代表作品有《离骚》《九歌》等。

屈原一生经历了楚威王、怀王、顷襄王三个时期,而主要活动是在楚怀王时期。当时,正是中国即将实现大一统的前夕,"横则秦帝,纵则楚王"。屈原因出身贵族,又明于治乱,娴于辞令,故而早年深受楚怀王的宠信,位为左徒,朝廷一切政策、文告,皆出于其手。

屈 原

屈原为实现振兴楚国的大业,对内积极辅佐怀王变法图强,对外坚决主张联齐抗秦,使楚国一度出现了国富兵强、威震诸侯的局面。但是由于在内政外交上屈原与楚国腐朽贵族集团发生了尖锐的矛盾,由于上官大夫等人的嫉妒,屈原后来遭到群小的诬陷和楚怀王的疏远。据《史记·屈原贾生列传》记载,上官大夫靳尚出于妒忌,趁屈原为楚怀王拟订宪令之时,在怀王面前诬陷屈原,怀王于是"怒而疏屈平"。

屈原被免去左徒之职后,转任三闾大夫,掌管王族昭、屈、景三姓事务,负责宗庙祭祀和贵族子弟的教育。

怀王十五年(前304年),张仪由秦至楚,以重金收买靳尚、子南、郑袖等人充当内奸,同时以"献商于之地六百里"诱骗怀王,致使齐楚断交。怀王受骗后恼羞成怒,两度向秦出兵,均遭惨败。于是屈原奉命出使齐国重修齐楚旧好。

此间张仪又一次由秦至楚,进行瓦解"齐楚联盟"的活动,使齐楚联盟未能成功。

> 讲故事

怀王二十四年,秦楚"黄棘之盟",楚国彻底投入了秦的怀抱。屈原亦被逐出郢都,到了汉北。

怀王三十年,屈原回到郢都。同年,秦约怀王武关相会,屈原力劝不可,然而怀王的小儿子子兰等却力主怀王入秦,怀王亦不听屈原等人劝告,结果会盟之日即被秦扣留,三年后客死异国。

在怀王被扣后,顷襄王接位,子兰任令尹(相当于宰相),楚秦邦交一度断绝。但顷襄王在接位的第七年,竟然与秦结为婚姻,以求暂时苟安。由于屈原反对他们的可耻立场,并指斥子兰对怀王的屈辱之死负有责任,子兰又指使上官大夫在顷襄王面前造谣诋毁屈原,导致屈原再次被流放到沅、湘一带。

在屈原多年流亡的同时,楚国的形势愈益危急。到顷襄王二十一年,秦将白起攻破楚都郢,预示着楚国前途的危机。次年,秦军又进一步深入。屈原眼看一度兴旺的祖国已经无望,于悲愤交加之中,自沉于汨罗江,殉了自己的理想。

屈原在农历五月初五这个楚地的传统节日自投汨罗,后来人们就把这一天称为端午节,以吃粽子、赛龙舟、喝雄黄酒等形式纪念屈原。

【讲读提示】

1. 屈原是我国历史上最伟大的爱国主义诗人之一,他开创了一种独特的文学体裁——楚辞,他的文章流芳千古。

2. 屈原的节操万古流芳,源于不论自己处境多么艰难险恶,也始终不忘君王以及江山社稷和黎民百姓。这种精神滋养了一代又一代的中华儿女尤其是文人墨客。

九、不为五斗米折腰的陶渊明

东晋后期的大诗人陶渊明,是名人之后,他的曾祖父是赫赫有名的东晋大司马。年轻时的陶渊明本有"大济苍生"之志,可是,在国家濒临崩溃的动乱年月里,陶渊明的一腔抱负根本无法实现。加之他性格耿直,清明廉正,不愿卑躬屈膝攀附权贵,因而和污浊黑暗的现实社会发生了尖锐的矛盾,产生了格格不入的感情。

为了生存,陶渊明最初做过州里的小官,可由于看不惯官场上的那一套恶劣作风,不久便辞职回家了。后来,为了生活他还陆续做过一些地位不高的官职,过着时隐时仕的生活。

陶渊明最后一次做官,是义熙元年(405年)。那一年,已经41岁的陶渊明在朋友的劝说下,出任彭泽县令。有一次,郡里派督邮来了解情况。这次派来的督邮,是个粗俗而又傲慢的人,他一到彭泽,就差县吏去叫县令来见他。陶渊明平时蔑视功名富贵,不肯趋炎附势,对这种假借上司名义发号施令的人很瞧不起,但也不得不去见一见,于是他马上动身。身边的人告诉陶渊明说,那是上面派下来的人,应当穿戴整齐、恭恭敬敬地去迎接。陶渊明听后长长叹了一口气:"我不愿为了小小县令的五斗薪俸,就低声下气去向这些家伙献殷勤。"说完,就辞掉官职,回家去了。陶渊明当彭泽县令,不过80多天。他这次弃职而去,便永远脱离了官场。

此后,他一面读书为文,一面参加农业劳动。后来由于农田不断受灾,房屋又被火烧,家境越来越恶化。但他始终不愿再为官受禄,甚至连江州刺史送来的米和肉也坚拒不受。朝廷曾征召他任著作郎,也被他拒绝了。

陶渊明是在贫病交加中离开人世的。他原本可以活得舒适些,至少衣食不愁,但那要以付出人格和气节为代价。陶渊明因"不为五斗米折腰",而获得了心灵的自由,获得了人格的尊严,写出了一代文风并流传百世的诗文。在为后人留下宝贵文学财富的同时,也留下了弥足珍贵的精神财富。他因"不为五斗米折腰"的高风亮节,成为中国后代有志之士的楷模。

陶渊明

【讲读提示】

1. 诗歌是我国古代文学中的一朵奇葩,而田园诗以其质朴自然、优美恬静而一枝独秀。在众多的田园诗人中,尤以陶渊明为代表,甚至可以说是陶渊明开创了田园诗这一流派。

2. 陶渊明首先作为一个人,然后才是诗人。他虽然认识到了当时官场的黑暗和统治阶级的腐朽,不愿同流合污,但却采取消极避世的隐居方式,在风光旖旎的田园中求得心理平衡和精神寄托。

3. 陶渊明是一个有着惊人才华的诗人,他在田园诗上的造诣决定了他在文学史上的地位,而他的反抗精神和隐居思想也深深影响了后世文人。

十、烈火烧不了真理——布鲁诺

1548年,在意大利那不勒斯附近的一个没落的小贵族家庭里,伟大的思想家和自然科学家布鲁诺诞生了。

11岁时,父母将他送到一所私立的人文主义学校就读。后来,布鲁诺又进入了多米尼克僧团的修道院,第二年转为正式僧侣。十年后,他获得了神学博士学位。在此期间,布鲁诺阅读了不少书籍,其中对他影响最大的,是哥白尼的学说。作为神学博士,他却被哥白尼的日心说所吸引,开始对自然科学产生了浓厚的兴趣,并且逐渐对宗教神学产生了怀疑。他还写了一些论文,严厉批判《圣经》中荒谬的地方。

布鲁诺的言行触怒了教廷,他很快被革除了教籍,从此开始了逃亡的生涯。他到了罗马,又转到威尼斯,他越过高耸的阿尔卑斯山,到达瑞士。此后他又到过法国、德

> 讲故事

国和英国，一路颠沛流离，居无定所。但是，布鲁诺依然坚持自己的观点，一路写下了十来部批判教会的书，继续向人们宣传自然科学和新的宇宙观。

这些举动进一步引起了罗马教廷的不满和恐慌。几年后，罗马教徒利用阴谋将他骗回国并逮捕了他。

在宗教裁判所里，教会向他许诺："只要你公开宣布放弃日心说，就免你一死，并且给你足够的生活费安度晚年。"

布鲁诺说："你们不要白费力气了，我是不会为了讨好罗马教皇而说谎的。"

此后，布鲁诺度过了长达8年的牢狱生活，其间受尽折磨，但是这一切依然未能改变他那伟大的良心。罗马教会恼羞成怒，宣布将布鲁诺判处火刑。

尔丹诺·布鲁诺

1600年2月17日凌晨，通往鲜花广场行刑台的街道两旁站满了观众，布鲁诺被绑在广场中央的火刑柱上。到了这时，他仍然没有屈服，他向围观的人们庄严宣布：

"火，不能征服我，未来的世界会了解我，会知道我的价值。"

"黑暗即将过去，黎明即将来临，真理终将战胜邪恶！"

刽子手用木塞堵上了他的嘴，鲜花广场燃起了熊熊的烈火。

布鲁诺死后，罗马教廷害怕人们抢走这位伟大思想家的骨灰来纪念他，就匆匆忙忙地把他的骨灰连同泥土一起收集起来，抛洒到了河里。

随着科学的发展，思想的进步，布鲁诺的学说被证明是正确的。为纪念这位诚实勇敢的思想家，1889年，人们在布鲁诺殉难的鲜花广场上竖立起他的铜像，永远纪念这位为科学献身的勇士，永远缅怀他的功绩。

【讲读提示】

1.在科学发展史上，虽然没有真刀真枪的两军对垒，但确有人为真理献出了宝贵的生命。布鲁诺就是一个舍身成仁的科学家，他不惜牺牲生命捍卫真理的精神，永远值得全世界的人们敬仰。

2.布鲁诺的一生是与旧观念决裂，同反动宗教势力搏斗、百折不挠地追求真理的一生。他以生命捍卫并发展了哥白尼的日心说，并使人类对天体、宇宙有了新的认识，为人类科学事业的发展做出了不可磨灭的伟大贡献。

十一、哥伦布发现新大陆

哥伦布出生于意大利热那亚一个纺织工人家庭。青年时代读过《马可·波罗游记》，向往东方的富庶。1474—1475年在热那亚的船队工作。1476年移居葡萄牙里斯本,后到马德拉群岛和圣港岛,从事航海生涯,先后航行至英国、冰岛和几内亚等地。他刻苦学习天文、地理,受P·德埃利的地理著作《世界图志》和意大利地理学者P·托斯卡内利的影响,深信"地圆说",想寻找一条从西方通向印度、中国和日本的新航线,并草拟了从欧洲西行至东方的航海计划。

约在1484年,哥伦布向葡萄牙国王提出他的航海计划,寻求财政支持,未成功。1485年移居西班牙,向伊莎贝拉一世女王求助。1492年4月,他的计划终为西班牙国王所接受,同他签订航海协议,授予海上大将称号,任命他为所发现的岛屿和陆地的总督,准其从这些地方的产品和投资所得中抽取一定收入,并答应给予必要的财政和物质支持。

哥伦布

第一次航行(1492—1493):1492年8月3日,哥伦布携带西班牙王室致中国皇帝的国书,率领"圣玛丽亚"号、"平塔"号和"尼尼亚"号3艘船、船员90人,从西班牙西南海岸的帕洛斯港起航,经加那利群岛西驶,历尽艰险,终于在10月12日发现巴哈马群岛中的瓜纳阿尼岛。接着发现古巴的东北海岸。继转东航,又发现海地岛,并称之为"埃斯帕尼奥拉",意为"小西班牙"。他在海地岛寻找黄金,筑纳维达德堡,派人驻守,旋即返航。1493年4月15日返抵帕洛斯。

第二次航行(1493—1496):1493年9月25日,他在西班牙国王资助下,怀着在新发现地区殖民和寻找黄金的目的,率领约1500人分乘17艘船只,满载牲畜、农具、种子和粮食,从加的斯出发,第二次前往美洲。11月3日发现多米尼加岛,接着又发现瓜德罗普岛和波多黎各等岛,然后驶抵海地岛。因纳维达德堡已为当地印第安人夷平,于是另筑伊莎贝拉堡,建立西班牙在美洲的第一块殖民地。印第安人被课以黄金重税,或被驱使到金矿从事奴隶劳动,有的被捕捉运回欧洲贩卖。1496年,哥伦布返回西班牙,其弟B·哥伦布留在海地岛,另建圣多明各城作为西班牙新的殖民据点。

第三次航行(1498—1500):1498年5月30日,哥伦布率领由6艘船只和200人组成的船队,分两组从圣卢卡尔起锚,3只船直驶海地岛,另3只船由哥伦布率领,经佛得角群岛向西航行,于8月1日发现特立尼达岛。8月5日在委内瑞拉帕里亚半岛登陆,第一次踏上南美大陆。8月31日返回圣多明各。海地岛西班牙人互相倾轧,争权夺利,他实行委托监护制进行安抚,仍不能稳定局势。1500年9月,哥伦布连同他的两个弟弟被强行押回西班牙。哥伦布后来虽然获释,却失去统辖其所发现土地的权力。

第四次航行(1502—1504):1502年5月9日,哥伦布率领4艘船只约150人从加的斯出发,企图在古巴和帕里亚半岛之间的海面上尽快找到通往"印度"的航道。

【讲故事】

1502年6月15日,发现马提尼克岛,然后沿海地岛南海岸西行,过牙买加向中美洲进发,再沿洪都拉斯南驶,越尼加拉瓜和哥斯达黎加,最后抵巴拿马的达连湾。因无西行航道,只得于1503年6月折回牙买加岛,经圣多明各于1504年11月7日回到西班牙圣卢卡尔。他请求西班牙国王给予他应得的财富和统治新大陆权力,未能如愿。

1506年5月20日,在贫病交加中死于巴利亚多利德。直到去世时哥伦布还以为他发现的陆地是印度。死后留下的航海日记和信件,是研究航行美洲的重要史料。

【讲读提示】

1. 美洲的发现和殖民,促进了世界市场的形成,大量金银流入欧洲,扩大了资本主义原始积累,推动了欧洲资本主义的发展,加速了欧洲封建制度的崩溃。同时,哥伦布发现美洲以后,在拉丁美洲建立起殖民奴役制度,给印第安人带来了深重的灾难。

2. 哥伦布的发现成为新大陆开发和殖民的新纪元,是历史上一个重大的转折点。新航路的开辟,进一步地推动了世界各地之间的文化交流。美洲的橡胶、玉米、烟叶、番薯、可可与马铃薯等物产都是通过西班牙人带回欧洲后传遍世界各地的。而欧洲移民则把大麦、黑麦、燕麦、水稻等植物以及马、牛、骡等牲畜带入美洲,这大大丰富了东西半球的文明交流。另一方面,从长远来看,此发现还致使西半球出现了一些与曾在该地区定居的各个印第安部落截然不同的新国家如美国,对旧大陆的各个国家带来极大的影响。可以说,哥伦布发现新大陆具有非正义基础上的客观进步性。

3. 哥伦布的航海开辟了大西洋航线,引起欧洲贸易中心的西移,发现美洲大陆,是欧洲殖民活动的开端,新航路开通后,在欧洲引起"商业革命"和"价格革命",虽然远航的目的是寻找黄金,但客观上却取得了地理上的重大发现,它不仅发现了美洲这块"新大陆",而且通过实地考察探明了地球上的海洋是相通的,证明了地球是圆形的,这对科学的发展和人们宇宙观念的更新具有重要意义。

十二、达尔文与进化论

(一)坚持梦想

达尔文的父亲是一位著名的医生,他希望自己的儿子能继承自己的事业,也当一名医生。可是达尔文无心学医,进入医科大学后,他成天去收集动植物标本,父亲对他无可奈何,又把他送进神学院,希望他将来当一名牧师。

然而,达尔文的兴趣也不在牧师上,达尔文有他自己的理想,他9岁的时候就对父亲说:"我想世界上肯定还有许多未被人们发现的奥秘,我将来要周游世界,进行实地考察。"为此,达尔文一直在积极准备。

达尔文经过5年的环游旅行,在动植物和地质等方面进行了大量的观察和采集,回国后又做了近20年的实验,终于在1859年出版了震动当时学术界的巨著《物种起源》。

(二)放弃研究成果

达尔文是19世纪著名的科学家,进化论的创始者,他生前常说,他的《物种起源》

等著作和学说是"集体的产物"。在一封信中他曾这样写道:"我清楚地看到,如果没有那些可钦佩的观察者所搜集的大量材料,我绝写不出那本书来。"事实上,他和华莱士的交往便是科学家这种谦虚无私精神的体现。

华莱士是英国著名的自然科学家和旅行家,比达尔文小14岁,他和达尔文一样,进行着科学考察的活动,曾到南美的巴西、马来半岛等地做生物考察,采集动植物标本,在同一个课题上进行研究和写作。其间,他读过达尔文的《一个植物学家的航行日记》,也和达尔文有过几次通信,讨论交流研究心得,不过两人都没有提及他们各自的独立研究和正在写作的具体内容。

达尔文

1858年6月18日,正在努力撰写《物种起源》一书的达尔文,收到了华莱士寄来的一篇关于进化论的手稿——《论变种无限地离开其原始模式的倾向》。达尔文惊诧得目瞪口呆,他说:"我从未见过有这种更加令人惊奇的偶然巧合。……他现在采用的学术名词,甚至也和我的书稿中各章题名相同……"

如果是这样的话,进化论的优先权将归于华莱士了,达尔文再发表著作,就有抄袭和剽窃之嫌。达尔文这时思想斗争十分激烈。要知道达尔文已经从事20多年的研究了,当他环绕全球做科学考察时,华莱士还是一个刚入学接受启蒙教育的小学生。

达尔文由于旧病复发,加上身体不好,使得写作时断时续,进度很慢,才让华莱士后来居上。但他不愧是品德高尚的人,他决定退避三舍,成人之美,建议华莱士赶快将论文发表出来,同时为了避嫌,他打算中断自己的写作,让华莱士独享荣誉。

但是,华莱士也是品德高尚的人,他知道了这件事情后,不仅果断地放弃了优先权,而且满怀敬意地说:"当我还是一个匆忙急躁的少年时,达尔文已经是一个耐心的、刻苦的研究者了,他勤勤恳恳地搜集证据,来证明他发现的真理,却不肯为争名而提早发表他的理论。"

最后在别人的劝说下,达尔文同意和华莱士的论文合并,以合著的名义提交林奈学会宣读。达尔文非常感谢华莱士,他写信致意,并说:"如果有着可钦佩的热情和精力的人应该得到成功的话,那么您就是最应该得到成功的人。"

在华莱士的鼓励下,达尔文在1859年11月24日这一天,终于出版了《物种起源》这一巨著,1250册书在当天销售一空。华莱士高兴地喝彩,称这本书是"迄今为止最重要的书籍之一",并将进化学说这一理论称之为"达尔文学说"。

(三)从小爱观察

达尔文是一位世界有名的科学家,他从小就喜欢观察花草树木怎样生长,鸟兽鱼

【讲故事】

虫怎样生活。他有时爬到树上,看怎样孵小鸟;有时到河边去钓鱼,把钓到的鱼养起来观察。蝴蝶呀,蜻蜓呀,他都采集来做成标本。

　　达尔文每天工作以后,喜欢在树林里散步,呼吸新鲜空气。就是在休息的时候,他还认真观察树林里的东西。一棵小草的变化,一条小虫的蠕动,都能使他产生极大的兴趣。

　　有一次,达尔文看见树上几只小鸟,就站住了,仰着头仔细观察。为了不惊动它们,他一动不动在树下站了好久。一只小松鼠以为他是一根木桩,竟然顺着他的腿,爬上了他的肩膀。

　　达尔文在长期的科学研究工作中,观察过许多动物和植物,积累了大量的第一手资料,为他创立进化论提供了可靠的依据。

(四)"达尔文"甲虫的命名

　　达尔文从小就喜欢打猎、采集矿物和动植物标本。

　　1828年的一天,在伦敦郊外的一片树林里,达尔文正围着一棵老树转悠。突然,他发现将要脱落的树皮下有虫子在蠕动,于是急忙剥开树皮,发现两只奇特的甲虫正急速地逃跑。达尔文马上把它们抓在手里,兴奋地观看起来。正在这时,树皮里又跳出一只甲虫,他措手不及,迅速把一只手里的甲虫塞进嘴里,伸手又把第三只甲虫抓了过来。看着这奇怪的甲虫,达尔文真有点爱不释手,只顾得意地欣赏手中的甲虫,早把嘴里的那只甲虫给忘记了。嘴里的那只甲虫憋得受不了啦,便放出一股辛辣的毒汁,把达尔文的舌头蜇得又麻又痛。后来,人们把达尔文首先发现的这种甲虫,命名为"达尔文"。

【讲读提示】

　　1. 达尔文的进化论学说,摧毁了各种唯心的神造论和物种不变论,恩格斯将进化论列为19世纪自然科学的三大发现之一。

　　2. 勤于思考,勤于观察,敢于探索,敢于创新,这些都是达尔文成功的优秀品质。

第七章 生活故事

一、纪昌学射箭

甘蝇是古时的一名神射手。他只要张弓射箭,飞鸟就会应声落下,走兽也会应声倒地。他的弟子名叫飞卫。飞卫虚心地向甘蝇学习,他的技术超过了老师。

有个叫纪昌的年轻人又来拜飞卫为师。飞卫对他说"你先要学会在任何情况都不眨眼睛的本领,然后才谈得上学习射箭。"

纪昌回到家里,就躺在他妻子的织布机下,两眼死死地盯着穿来穿去的梭子。两年以后,就是锥子已经快刺着他的眼睛了,他也一眨不眨。

他把自己的收获告诉了飞卫,飞卫说:"这还不够,你还得练好眼力才行。当你能够把极小的物体看得很大,把模糊不清的目标看得很清楚,到那时候,你再来告诉我。"

纪昌回到家,捉了一个虱子,用牛尾巴的毛拴着,吊在窗口上,每天面朝南方,目不转睛地盯着那只虱子。十多天后,虱子在他眼中渐渐变得大了起来;三年以后,竟变得像车轮一般大小。扭头再看其他的东西,都跟山丘一样巨大。他便用燕国牛角做成的弓,搭上朔冬蓬杆制成的箭,对准虱子射去,箭头贯穿了虱子的心脏,而牛尾还好端端地悬在空中。

纪昌跑去告诉飞卫。飞卫高兴地说:"好,你学成功了!"

【讲读提示】

1. 要学到真正的本领,就必须付出超人的代价,扎扎实实地练好基本功。急于求成,害怕吃苦,是不会成功的。

2. 要学习一种技艺,必须依照准则严格练习。先练基本功,打好基础,按部就班,循序而进,由浅入深,踏踏实实,才能尽得其巧。还需要有毅力,如果不肯勤学苦练,那么做什么也是难以成功的。学习也是如此,一定要不怕苦、不怕累、不怕枯燥无味。

二、勤学苦练的王羲之

(一)吃墨

王羲之五六岁的时候,就拜卫夫人为老师学习书法。他的书法进步很快,7岁的时候,便以写字而在当地小有名气了,很得前辈的喜爱和夸奖。11岁的时候,王羲之就读了大人才能读懂的《笔说》。他按照《笔说》中所讲的方法,天天起早摸黑地写呀,练呀,简直都入了迷。过了一段时间,看看自己写的字,与以前写的比较,果然有些变

> 讲故事

化。一天他的老师卫夫人看了后吃了一惊,对人说:"这孩子一定是看到书法秘诀了,我发现他近来的字,已达到成年人的水平了,照这样发展下去,这孩子将来在书法方面的成就一定会超过我的名声。"王羲之并没有因老师的称赞而沾沾自喜,骄傲自满,他临帖更用心、更刻苦了,甚至达到了废寝忘食的地步。

有一次吃午饭,书童送来了他最爱吃的蒜泥和馍馍,几次催他快吃,他仍然连头也不抬,像没听见一样,专心致志地看帖、写字。饭都凉了,书童没有办法,只好去请王羲之的母亲来劝他吃饭。母亲来到书房,只见羲之手里正拿着一块沾了墨汁的馍馍往嘴里送呢,弄得满嘴乌黑。原来羲之在吃馍馍的时候,眼睛仍然看着字,脑子里也在想这个字怎么写才好,结果错把墨汁当蒜泥吃了。母亲看到这情景,憋不住笑了起来。王羲之还不知道是怎么回事呢! 听到母亲的笑声他还说:"今天的蒜泥可真香啊!"

王羲之

王羲之数十年如一日,勤学苦练,临帖不辍,练就了很扎实的功夫,这为他以后的发展奠定了十分扎实的基础。

(二)东床快婿

郗山与微山岛隔水相望,山上有一座好大的坟墓,墓前有一石碑,上书"东晋太尉郗鉴之墓",系东晋大书法家王羲之的手笔。郗鉴是金乡县人,少年时家中贫寒,连饭也吃不上,可为人聪慧好学,加上他贤达的人品德性,以儒雅闻名乡里。大伙儿都想让他成才成名,就自愿献粮献钱资助他,于是他便刻苦地习文练武,奋进不息,不久就文武全才了。到了东晋元帝司马睿当皇上时,郗鉴被诏为龙骧将军兼兖州刺史。后来司马绍登基又升他为东骑大将军,督ューゼ徐、兖、青三州军事。咸和年间,郗鉴奉旨平叛叛党,立了大功,又加封他为太尉。在朝廷里除了文官丞相王导,就数他这武官太尉了。郗鉴有个女儿,年长二八,生得人有人才,貌有貌相,郗鉴爱如掌上明珠。女儿尚未婚配,要为女择婿,这么一个宝贝疙瘩,可得要找个门当户对的人家。郗鉴觉得丞相王导与自己情谊深厚,又同朝为官,听说他家子弟甚多,个个都才貌俱佳。一天早朝后,郗鉴就把自己择婿的想法告诉了王丞相。王丞相说:"那好啊,我家里子弟很多,就由您到家里任意挑选吧,凡你相中的,不管是谁,我都同意。"郗鉴就命心腹管家,带上重礼到了王丞相家。王府子弟听说郗太尉派人觅婿,都仔细打扮一番出来相见。寻来觅去,一数少了一人。王府管家便领着郗府管家来到东跨院的书房里,就见靠东墙的床上一个袒腹仰卧的青年人,对太尉觅婿一事,无动于衷。郗府管家回到府中,对郗太尉说:"王府的年轻公子二十余人,听说郗府觅婿,都争先恐后,唯有东床上有位公子,袒腹躺着若无其事。"郗鉴说："我要选的就是这样的人,走,快领我去看看!"郗鉴来到王府,见此人既豁达又文雅,才貌双全,当场下了聘礼,择为快婿。"东床快婿"一说就是这样来的。这"东床快婿"王羲之后来成了大名鼎鼎的书法家,被后人称为"书圣"。

(三)题字

王羲之从小喜爱写字。据说他平时走路的时候,也随时用手指比画着练字,日子一久,连衣服都划破了。经过勤学苦练,王羲之的书法达到了很高的水平。因为他出身士族,加上才华出众,朝廷中的公卿大臣都推荐他做官。他做过刺史,也当过右军将军(人们也称他王右军)。后来又在会稽郡做官。他不爱住在繁华的京城,见到会稽的风景秀丽,非常喜爱,一有空,就和朋友们一起游览山水。有一次,王羲之和他的朋友在会稽郡山阴的兰亭举行宴会。大家一面喝酒,一面写诗。最后由王羲之当场挥笔,写了一篇文章纪念这次宴会,这就是有名的《兰亭集序》。那幅由王羲之亲笔书写的《兰亭集序》,历来被认为是我国书法艺术的珍品,可惜它的真迹已经失传了。

王羲之的书法越来越有名。当时的人都把他写的字当宝贝看待。据说有一次,他到他的一个门生家里去,门生很热情地接待他。他坐在一个新的几案旁,看到几案的面又光滑又干净,引起了他写字的兴趣,叫门生拿笔墨来。那个门生高兴得不得了,马上把笔墨拿来给王羲之。王羲之在几案上写了几行字,留作纪念,就回去了。过了几天,那个门生有事出门去。他的父亲进书房收拾,一看新几案给墨迹弄脏了,就用刀把字刮掉。等门生回来,几案上的字迹已经不见了。门生为这件事懊恼了好几天。

又有一次,王羲之到一个村子去。有个老婆婆拎了一篮子六角形的竹扇在集上叫卖。那种竹扇很简陋,没有什么装饰,引不起过路人的兴趣,看样子卖不出去了,老婆婆十分着急。王羲之看到这情形,很同情那老婆婆,就上前跟她说:"你这竹扇上没画没字,当然卖不出去。我给你题上字,怎么样?"老婆婆不认识王羲之,见他这样热心,也就把竹扇交给他写了。王羲之提起笔来,在每把扇面上龙飞凤舞地写了五个字,就还给老婆婆。老婆婆不识字,觉得他写得很潦草,很不高兴。王羲之安慰她说:"别急。你只告诉买扇的人,说上面是王右军写的字。"王羲之一离开,老婆婆就照他的话做了。集上的人一看真是王右军的书法,都抢着买。一箩竹扇马上就卖完了。

(四)拜师

王羲之在兰亭修禊之前来到天台山,被神奇秀丽的天台山风景吸引住了,便在山顶住了下来。他尽情欣赏日出奇观和云涛雾海,这些山光胜景使他的书法也得到润色。他不停地练字,不停地洗笔洗砚,竟把一个澄澈清碧的水池都染黑了,墨池就是这样得名的。

有一天夜里,王羲之在灯下练字,练呀练呀,白纸写了一张又一张,铺得满地都是。夜深了他还逐个字逐个字细看着,思考着。对自己所写的字,他还不满足,又看又练,实在练得太疲倦了,握着笔伏在案上。忽然,一阵清风过处,一朵白云飘然而至,云朵上有位鹤发银髯的老人,笑呵呵地看着他说:"你的字写得不错呀!""哪里,哪里!"王羲之一边让座,一边谦虚地回答。他见这位老人仔仔细细地观看自己写的字,便请教

> 讲故事

说:"老丈啊,请您多多指正。"老人见王羲之一片诚心,说道:"你伸过手来。"王羲之心里纳闷,老人要做什么呢?他见老人一本正经,不像开玩笑,便慢慢地伸了过去。老人接过笔,笑容可掬地说:"我看你诚心诚意学写字,让你领悟一个笔诀,日后自有作用。"老人说完,在王羲之的手心上写了一个字,然后点点头说:"你会更快进步起来的。"说罢去了。王羲之急忙喊道:"先生家居何处?"只听空中隐隐约约地传来一声:"天台白云……"王羲之一看手心是个"永"字,他比呀画呀,写呀练呀,终于领悟了:横竖钩,点撇捺,方块字的笔画和架子结构的诀窍,都体现在这"永"字上。白云先生授的真是好笔诀!此后,王羲之练得更勤奋了,他的书法也更加洒脱了,奇妙了。以后,王羲之回到绍兴,与文友在兰亭欢聚时,挥笔写下了千古流传的书法珍宝《兰亭集序》。王羲之念念不忘天台山白云先生的"永"字笔诀,诚心诚意地写了一部《黄庭经》,放在山顶一个突兀峭险的岩洞里,后人就叫它"黄经洞"。今天,有些胆大的旅游者,还要爬上黄经洞看一看,是不是洞里还藏着王羲之的《黄庭经》呢!

(五)换字

王羲之和王献之父子都是著名的大书法家。父与子之间有这么一个小故事。有一次,王羲之有事去京城,临走时在家中的墙壁上题了几个字。王献之也爱好写字,他偷偷地把父亲题的字擦掉,照原样题写上自己的字。王献之写好后,仔细端详了一番,自以为写得不错,能够以假乱真了。王羲之回到家中,看到墙壁上的字,仍旧以为是自己原先题的字,很不满意,不觉叹气说:"我离家时真是喝得大醉了。"王献之听了,内心非常惭愧。从此,他更加认真刻苦地练字,也成了一个与父亲齐名的书法家。

【讲读提示】

1. 冰冻三尺,非一日之寒;十年寒窗无人问,一举成名天下知;世上无难事只怕有心人;只要功夫深,铁杵磨成针。这些名言都讲的是同一个道理,这道理谁都明白,关键是能不能坚持下去。

2. 想把一件事做好,必须专注。

3. "东床快婿"的故事说明:是你的终究会是你的;不是你的怎么强求也没用。

三、捡砖添瓦的俞敏洪

俞敏洪的父亲是位木匠,经常帮别人盖房子。每次完工后,他总会捡回几块别人不要的碎砖烂瓦。有时看到路边有砖头他也会捡回家。久而久之,他家院子里砖头瓦片便堆成了一座小山。当时俞敏洪不知道这些东西有什么用处,直到父亲用这些砖头瓦片盖了一间四四方方的小房子。

当时他觉得父亲很了不起,一个人就盖了一间小房子。在成长道路上,他更发现这件事给自己带来的深刻影响。

从一块砖头到一堆砖头,最后变成一间小房子,父亲向他诠释了做成一件事情的全部奥秘。一块砖没有什么用,一堆砖也没有什么用,如果你心中没有一个造房子的梦想,拥有天下所有的砖头也只是一堆废物;但如果只有造房子的梦想而没有砖头,梦想也没法实现。当时俞家很穷,想盖一间小房子给猪和羊住,但没有钱去买砖和瓦。但俞父没有放弃,日复一日地捡砖头碎瓦,有一天,他终于有了足够的砖头,从而造出了心中想了很久的房子。

这就是"捡砖头思维":一种为了结果而努力的思维,一种以"结果第一"为核心的成功理念。

俞敏洪

捡砖头盖房子这件事情凝聚成的精神,也就是"捡砖头思维",一直指导着俞敏洪取得了人生的一个又一个成功。做事时,他一般都会问自己两个问题:一是做这件事情的目标是什么,因为盲目做事情就会像捡了一堆砖头而不知道干什么一样,只会浪费自己的生命。二是需要多少努力才能把这件事情做成。也就是需要捡多少砖头才能把房子造好。之后就是要有足够的耐心,因为砖头不是一天就能捡够的。

在俞敏洪的成长史里,有三件事证明了这一思路的好处。

第一件是他的高考。目标明确,要上大学。第一年、第二年他都没考上,因为他的"砖头"没有捡够,第三年他继续拼命"捡砖头",终于考进了北京大学。

第二件是他背单词,目标明确,成为中国最好的英语词汇老师之一。于是他开始一个一个单词地背,像捡砖头那样一块一块地捡,最终背下了两三万个单词,成了一名出色的词汇老师。

第三件事是他做"新东方",目标明确,要做成中国最好的英语培训机构之一。然后他就开始给学生上课,平均每天给学生上六到十个小时的课,很多老师放弃了,但他没有放弃,十几年如一日。每上一次课他就感觉多捡了一块砖头,梦想着把新东方这栋房子建起来。现在,新东方已取得成功。

进了北京大学之后,他发现自己周围所有的同学比自己优秀,他把每个同学都看作是一块在他人生旅途中不可缺少的砖头。于是他希望自己能够用真诚赢得这些同学的认可。为了做到这一点,他用自己的勤奋获得了同学们的关注和友谊。他养成了每天为宿舍打扫卫生的好习惯,这一打扫就是四年。不仅如此,他每天还拎着宿舍的水壶去给同学打水。他在做这些事情的时候,没有抱怨,只有心甘情愿,因为他知道自己是为什么而去做的。他很庆幸北大给了他机会,让他能够与这么多杰出的人才一起生活,一起进步。他就是这样带着友谊和共进的梦想,做着最不起眼的事情,捡拾着自己生命中的每一块砖。

当然,这些砖最后也被他利用起来了。十年后,当他创建的新东方有了一定的规

【讲故事】

模,需要再上一个台阶的时候,他跑到美国、加拿大,找当年自己的同学做合作者。他的同学们毫不犹豫地跟他回国了,理由很简单——冲着他为大家打了四年的水!

【讲读提示】

1. 每位身处职场、希望胜任工作的人,是否也有自己的"捡砖头思维"呢?如果你也能像俞敏洪那样,为着一个正确的结果不懈地准备着,你迟早也会获得命运之神的青睐。

2. 也许很多人认为俞敏洪"傻",竟然白白地为别人服务,但是正是他的这种傻的精神感动了同学们,所以在他需要帮助的时候,同学们才会义无反顾地站出来帮助他。给予即是获得,我们都要有奉献精神。

四、马云坚持梦想终获成功

(一)求学

赫赫有名的阿里巴巴董事长马云,读书的时候真的不是一个好学生,他的成绩很差,尤其是数学。1982年马云第一次参加高考,他填报的是北京大学。但是他的数学,只考了1分。第一次高考落榜后,马云很灰心丧气,他认为自己根本不是考大学那块料,于是他开始四处打零工谋生计。他每天踩着一辆装满货物的笨重的三轮车,在崎岖不平的路上吃力地行驶。18岁的马云常常望着前方,茫然不知所措,难道自己这一辈子就只能当这样一个踩三轮的"骆驼祥子"?他不甘心,他当然不甘心!

有一次,马云踩着三轮去给一家文化单位运书,在金华火车站的候车室里,他捡到了一本书——路遥的中篇小说《人生》。《人生》里高加林的故事深深感染了他。他从此明白了一个道理:人生之路,不仅是漫长的,更是充满坎坷曲折的,若要有所成就,必得经历一番磨炼。

在经过一番深入思考之后,他决定再战高考。他开始了勤奋地学习。1983年,19岁的马云第二次参加了高考。这一次,他满怀信心。但是老天偏偏喜欢跟他开玩笑,数学只考了19分,他再次惨败。

成绩出来之后,父母都对他不再抱什么希望,认为这孩子注定不是考大学的料,劝他安安心心学点手艺,当个临时工,混口饭吃。

但是马云却仍不甘心,他不甘心一辈子只当个临时工,他要考大学,他明白只有考大学才能改变他的命运。由于父母不再支持他考大学,所以他只有边打工边复习。他那时常常跑到浙江大学图书馆去学习。在浙江大学,他认识了5个落榜生,他们经常聚在一起谈着各自的抱负和理想。他们对着天空肆无忌惮地振臂高呼:"我们一定会考上大学,我们一定会出人头地!我们一定会考上大学,我们一定会出人头地!我们一定会考上大学,我们一定会出人头地!"1984年,20岁的马云第三次参加高考。马云记得,高考前,一位姓余的数学老师对他说:"马云,你的数学真是一塌糊涂,如果你能考及格,我的'余'字倒着写。"

马云的表现让余老师大跌眼镜。考数学的时候,靠死记硬背的公式,他一个题一个题地去套,结果这一套,居然套出了79分(当时数学满分是120分,72分及格),这个分数在马云的数学考试史上,绝对是破天荒的。马云非常幸运地考上了杭州师范学院,成为外语系的一名本科生。

(二)求职与创业

两次求职,因相貌"超丑"被拒。

马云第一次高考落榜后的梦想是去酒店做服务员,也梦想做警察,统统因为外貌被拒绝。

99.9%的网友从颜值上彻底击垮马云。

搞"翻译社"生意惨淡,靠卖袜子补贴。翻译社是马云初次创业,当月营业额是200多块钱,可光房租就要700元。

马云为了支撑它,背着麻袋去义乌批发袜子来卖,还上门推销商品,学生们也帮他四处发传单做宣传,受尽白眼。用这些钱养了翻译社三年,才开始收支平衡。

"中国黄页"业务开展时,国内还没有互联网。马云不断对人讲互联网的神奇,还在大排档跟人讲解。众人不相信,就去打印网页证明,还请老板打免费越洋电话,问在美国的亲戚朋友,让人上网查证……

1995年上海开通互联网,"中国黄页"还提供额外服务(长途电话接入互联网),花3个半小时才看到互联网上的照片,焦躁得如热锅上的蚂蚁的马云欣喜若狂,委屈的泪水稀里哗啦地掉了下来。

马云虽是总经理,不如说是个推销员,还曾被人当成骗子。

第四次连续创业失败,抱头痛哭。阿里巴巴团队曾在北京干过一段政府项目,最后马云决定回杭州再次创业。在北京的14个月,也从没带团队一起去游玩。

在北京的最后一天,他们决定去长城。晚上,在一个不知名的小饭店,天下着大雪,众人大碗喝酒,大块吃肉,唱着《真心英雄》,众人抱头痛哭!

这也意味着马云到30岁时,连续四次创业失败。

(三)成功

论知名度,马云堪称世界名人。

尤其是阿里巴巴创造美国股市首次公开募股"史上最大"纪录之后,他的名字更是成为新闻收视率、阅读量和点击率的保证。

不过,和马云面对面聊天,你会发现他的平实与随和。他会直视你的眼睛,让你感觉被尊重。如果是一圈人围坐,他能够照顾到每一个人的情绪。

瘦瘦的马云,反应极快,他的伙伴们形容他说:"这个人的脑子和嘴巴是通着的。""一开口,那些没有打过草稿的妙语会汩汩滔滔喷涌而出。"这些话,充满哲理,令人回味,却绝无嚣张的味道。

从艰难困苦中打拼出来的他,深知一个道理:希望被人尊重,先要尊重别人;希望获得成功,先要帮助别人成功。

1999年秋天,18个同道者聚在杭州城西马云的家中。"每个人有多少钱出多少

【讲故事】

钱,但要留10个月吃饭的钱。不许问父母借钱,问父母借钱的话,明天把老爸老妈的退休工资搞掉了,那也吃不消。"

18个人凑了50万元,平均每人2万多元,当时35岁的马云算是积蓄多的,多掏了几万元。

说起当时的捉襟见肘,马云讲了这样一件事。他们平时不打车,一次有东西要带,于是马云和两个同伴下决心打个的士。来了一辆车,以为是夏利,三个人招手,结果停下来是辆桑塔纳,于是三个人齐刷刷地把头转了过去。"桑塔纳的起步价要比夏利贵,当时我们没钱,一分钱都得省。"

尽管如此,阿里巴巴一开始就是家"放眼世界"的公司,开业时马云曾带着团队在凛冽秋风中宣誓:"我们一定要打造一家让世界瞩目、让中国人骄傲的公司!"

创业伊始,也曾有过分歧:为大企业服务,跑跑关系,来钱快;为小企业服务,到处吃闭门羹,似乎摸不到什么商业模式。电子商务到底往哪个方向走,企业要怎样活下去,创业几年之后,马云站在了抉择的十字路口。最后定位是:做小微企业的服务商。"现在回想起来,我们是幸运的。"马云说。

从一开始,阿里巴巴几乎所有重要会议,都留下录像和录音,以备将来查考。就好像当初创业者知道这家公司将会多么成功,甚至会作为一个现象留给后来者研究。"全世界没有一家公司这么做的,很多人羡慕不已。"马云说。

阿里巴巴取名的故事如今已是耳熟能详。创业伊始,他就想给未来的公司取一个全球化的名字。在美国旧金山,马云在吃饭时问服务员:"你知不知道阿里巴巴?"女服务员说:"当然知道,阿里巴巴芝麻开门。"马云到新加坡,又跑到街上问人,看阿里巴巴是不是一个世界通行的名字。最后,有了今日的阿里巴巴。

几年后,走在美国纽约的街头,很多人能够认出这张标志性的中国面孔。马云去餐厅吃饭,有人在他不知情时买了单;去酒吧,有人送他免费的雪茄。这些慷慨的人当中,有的会给他留下一张纸条说:"马先生,谢谢你,我通过阿里巴巴这个平台赚了很多钱,所以我请你。"

【讲读提示】

1. 马云之所以让当今的无数草根创业者崇拜,一个很大的原因,就是马云也曾跟我们一样,是一个普通得不能再普通的人,没有显赫的家庭背景,没有高大帅气的形象,没有优秀的学习成绩,没有聪明睿智的头脑。他靠的是一定要成功的坚定执着的信念。所以他高考屡战屡败,屡败屡战。

2. 功成名就的马云来到他当年一手创立的海博翻译社,题下了四个大字:永不放弃。这四个字,如今在海博翻译社的网站首页上赫然而立。它传达着这样一种精神:做任何事情,你可能会碰到很多很多的挫折与失败,但是只要你坚持下去,永不放弃,那么你就一定可以成功!

3. 讲述马云的故事,不需要着力渲染,应尽量平静地讲述,一定要给听讲者留下足够的思考空间,让听讲者得到启发。因为他的故事是真实的,是普通人经常会遇到的,你只管将他的故事当作身边人的故事来讲就行了。

五、奇迹的海伦

刚满周岁那年，一天傍晚，母亲趁太阳西下以前，放了一盆热水为海伦·凯勒擦洗身子。可是，当母亲从浴盆把海伦·凯勒抱起来，放在膝盖上，正想拿条大毛巾替她包裹身子的时候，海伦·凯勒的目光，突然被地板上摇晃不定的树影给吸引了过去。她好奇地看着，看得很入神，眼珠子动也不动一下，而且还忍不住伸长小手扑了过去，好像非得揪住它不可。

海伦·凯勒

当时，母亲虽然已经注意到海伦·凯勒的眼神，但是在母亲的眼里，树影不过是平常又自然的现象，没什么好大惊小怪的。所以，她万万没有想到海伦·凯勒会使出一股子猛劲儿往前倾，结果不小心一溜手，竟让海伦·凯勒滑倒在地，哇哇大哭个不停。母亲知道女儿受了惊吓，飞快地将海伦·凯勒搂进怀里，哄了好一阵子，海伦·凯勒才安静了下来。

事隔不久，母亲一个人静静回想这件事情发生的经过，她发现海伦·凯勒的观察力似乎特别灵敏。通常一个周岁大的婴儿，应该是懵懵懂懂的，对什么事情都没有企图深入了解的倾向。可是海伦·凯勒却别有细致的思考，甚至于想用自己的肢体去感受变化的奇妙。当然，跟大人比起来，海伦·凯勒的表现并不成熟，但如果跟其他的婴孩相比，可就不能不算特殊了。

而为人父母的，能幸运地生下一个天赋优异的小孩，当然是得意扬扬了。每逢亲朋好友到家里做客，不谈起女儿也就罢了，一旦话题转到海伦·凯勒身上，母亲心满意足的喜悦，就会自然而然地从言谈中流露出来。

但是这份喜悦到底能持续多久呢？当父母亲正兴高采烈畅谈海伦·凯勒美好未来时，海伦·凯勒却莫名其妙生了一场大病，这场大病不但夺走了父母心中的希望，更使海伦·凯勒变成一个看不见也听不见的小女孩，而且她脾气更暴躁起来！

可怜的海伦·凯勒，该如何去面对一个没有光线，没有声音的世界呢？这真是一个令人头痛的问题。通常教育一个五官健全的孩子，已经不是一件轻而易举的事了，更何况海伦·凯勒又瞎又聋！也许父母亲可以猜测、也可以想象海伦·凯勒的心情，但是他们绝对无法体会，就如同海伦·凯勒无法体会正常人的生活一样。

起先，父母亲采用实验的方法，一次又一次地尝试。虽然他们失败过无数次，但是

讲故事

日子久了，也摸索出不少要领，他们除了被动地猜想海伦·凯勒的比手画脚，有时也教导海伦·凯勒凭借肢体动作，表达喜怒哀乐。

另外，海伦·凯勒也学习运用触觉去感受周遭的事物。就这样一点一滴的累积，四五年以后，但凡孩子们用眼睛、耳朵能感受的，海伦·凯勒都能以触摸的方式领略。只是父母亲不是残障教育的专家，所以海伦·凯勒学到的肢体语言，只有父母才看得懂，外人可就很难说了。

向来关心女儿的父母亲，也一直挂心这个问题，尤其他们想到自己终有年老体衰的一天，到时候要是海伦·凯勒仍然不能跟外人沟通，那她往后的遭遇，将是非常悲惨的。于是，在海伦·凯勒7岁那年，他们从外地请来一位受过专门训练的莎利文老师。

莎利文老师跟海伦·凯勒很投缘，她们认识没几天就相处融洽，而且海伦·凯勒还从莎利文老师那里学会了认字。

一天，老师在海伦·凯勒的手心写了"水"这个字，海伦·凯勒不知怎么搞的，总是没法子记下来。老师知道海伦·凯勒的困难在哪儿，她带着海伦·凯勒走到喷水池边，要她把小手放在喷水孔下，让清凉的泉水溅溢在她的手上。接着，莎利文老师又在海伦·凯勒的手心，写下"水"这个字，从此海伦·凯勒就牢牢记住了，再也不会搞不清楚。海伦后来回忆说："不知怎的，语言的秘密突然被揭开了，我终于知道，'水'就是流过我手心的一种物质。这个字唤醒了我的灵魂，给我以光明、希望、快乐。"

不过，莎利文老师认为，光是懂得认字而说不出话来，仍然不方便沟通。可是，从小又聋又瞎的海伦，一来听不见别人说话的声音，二来看不见别人说话的嘴型，所以，尽管她不是不能说话的哑巴，却也没法说话。

为了克服这个困难，莎利文老师替海伦找了一位专家，教导她利用双手去感受别人说话时嘴型的变化，以及鼻腔吸气、吐气的不同，来学习发音。当然，这是一件非常不容易的事，不过，海伦还是做到了。盲人作家海伦，除了突破官能障碍学会说话，更奉献自己的一生，四处为残障人士演讲，鼓励他们肯定自己，立志做一个残而不废的人。海伦·凯勒这份爱心，不但给予残障人士十足的信心，更激起各国人士正视残障福利，纷纷设立服务机构，辅助他们健康快乐地过生活。

海伦·凯勒的散文代表作《假如给我三天光明》，以一个身残志坚的柔弱女子的视角，告诫身体健全的人们应珍惜生命，珍惜造物主赐予的一切。此外，本书中收录的《我的人生故事》是海伦·凯勒的自传性作品，被誉为"世界文学史上无与伦比的杰作"。

1968年，海伦88岁去世，她终生致力服务残障人士的事迹，传遍全世界。她写了很多书，她的故事还拍成了电影。莎利文老师把最珍贵的爱给了她，她又把爱播撒给所有不幸的人，带给他们希望。死后，因为她坚强的意志和卓越的贡献感动了全世界，各地人民纷纷开展纪念她的活动。

海伦·凯勒，自幼因病成为盲聋人，但她自强不息，克服巨大的困难读完大学。一生写了十几部作品，同时致力于救助伤残儿童、保护妇女权益和争取种族平等的社会活动。1964年获总统自由勋章。

【讲读提示】

1. 海伦以永不言败的精神,挑战自我,回报社会,她没有因为自己是残疾人就降低对自己的尺度,而是始终把自己当作一个正常人来要求。虽然她知道,为此她将付出超出常人百倍甚至上千倍的努力。当我们不无惊讶和感叹地历数海伦·凯勒所有的成就时,仿佛可以看见她曾经付出的那些日日夜夜。

2. 当我们还是一个涉世未深的孩子时,海伦的精神给我们的或许只是感动。但当我们经历了人生的坎坷和阴霾时,海伦的精神带给我们的将是无尽的鼓励、震撼和鞭策。这或许就是海伦精神经久不衰、魅力永存的主要原因。

3. 贫穷,苦难,都是一所很好的学校。

4. 与其他成功人士相比,海伦在其成功路上的困难和挫折是常人难以想象的。海伦之所以成功,莎利文老师功不可没,但海伦对学习知识永远保持的高度兴趣,汲取知识的那份如饥似渴,永不服输、坚忍不拔的意志和毅力,才是她成就自我的关键所在。

六、善于调整心态的乔丹

(一)小个子不烦恼

在篮球王国里,高个子总是最受欢迎的。然而出生在布鲁克林的迈克尔·乔丹读高一时,身高只有180厘米。因为身高,多次被校队排斥在外,不准他参赛。

乔丹虽然很苦恼,却并没有灰心,依然坚持刻苦练球。

到高二下半学期,乔丹又长高了10厘米,于是得以重新归队。他从没有因为不让他参赛就停止训练,所以他的球技还是进步很快,终于在三四年级的时候被允许参赛了。

此时的乔丹打出来相当不错的成绩,尤其是四年级的时候,他因为表现出色而被选进了麦当劳全美队。

生活总是会起一些波澜的。中学毕业后,乔丹本想去洛杉矶大学,可是却偏偏进了北卡罗来纳大学,这令他有些失望。

乔 丹

幸亏他及时调整了心态,才开始在史密斯教练的手下认真地学习打球。乔丹切切实实从基本功练起,不骄不躁,这段时间他的球技提高很快。

然而在1984年大学三年级的一次比赛后,休斯敦火箭队首先选中了身高213厘米的中锋哈基姆·奥拉朱旺,波特兰开拓者队紧接着选择了身高216厘米的中锋萨姆·鲍

> 讲故事

维,而身体素质良好且球技不错的乔丹,却因为身高只有198厘米而没有被选中。

乔丹的身高在常人眼里已经算是很高了,可是在篮球王国里这个高度还是不占优势。幸好芝加哥公牛队的教练凯文·洛弗利慧眼识英才,选中了乔丹。虽然没能进入向往的球队,乔丹还是抑制住了自己的失落感,怀着感恩的心态进入了公牛队。

(二)实力会说话

在公牛队内部,乔丹可远没有外界认为的那么风光。一开始,他努力地证明自己,希望能够尽快争取到比赛的机会。但是作为新人,他没有发言权。虽然他的收入在全队排名第二,但他从不在穿着打扮上费功夫。他深知公牛队不缺乏像他这样的璞玉,但是他坚信自己一定能够成为其中最杰出的一位,因为他很了解每一个队友的优点和缺点。

球队内部的竞争是相当残酷的。有一次,对乔丹的出色表现极为眼红的大卫·格林伍德在赛前对乔丹说:"你给我收敛点,否则小心你的腿。"

但是乔丹还是想成为队里的核心人物,他没有退缩,而是不断地给自己制定具体的目标,把每次训练都当成比赛来完成。

善于总结教训的乔丹飞速地进步着。他相信只要付出,收获就在前方。他认为提高自己的球技才是最主要的,至于比赛的结果,他相信球迷们会做出正确的判断。他的成绩是有目共睹的。

他力求和队友们保持良好的关系,尽量避免不愉快的事情发生,但还是会有摩擦发生。

在一次大赛期间,乔丹在电梯里没跟伊塞亚·托马斯打招呼,因为当时电梯里有很多大牌球员,低调的乔丹不喜欢张扬就没有说话。

结果第二天回到芝加哥,就有记者告诉他,他的队友都在议论他,说他如何目中无人,要在这次赛场上给他难堪。

果然,这段时间,伊塞亚·托马斯和其他几位球员都对他毫不理睬,这让进球队不久的乔丹无所适从。更重要的是,在球场上队友也处处牵制他,就是不把球传给他,导致他的比赛成绩很不理想。

直到有一天,这种局面终于被打破了。那是在对底特律活塞队时,乔丹一个人就拿下49分,15个篮板球,并且在最后一秒有效拦截了对方球员的投球,这才保住了这场胜利。见到乔丹的实力这么强,队友托马斯才向乔丹点了点头,不和谐的队友关系才算稍微改善。

磕磕绊绊中,乔丹一路走来,最终成为属于他那个时代篮球场上的灵魂人物,创造了一个又一个的奇迹。

【讲读提示】

1.迈克尔·乔丹被称为"空中飞人"。他在篮球职业生涯中创造了不胜枚举的纪录,被公认为全世界最棒的篮球运动员,也是NBA历史上第一位拥有"世纪运动员"称号的巨星。他将NBA推广到全球的每个角落,使之成为好莱坞之外又一无可阻挡的美国文化。2010年,已经退役的他成功收购夏洛特山猫队,成为山猫队的老板。

2. 乔丹也经历过痛苦与尴尬。他很有才,但他的事业却并非一帆风顺。不过,他从来没有放弃自己,一直在练习,一直在进步。所以,不管你的生活怎样,也不管你所处的环境怎样,你首先需要做的是调整好你的心态。

3. 乔丹最令人叹服的是不上一次的创造出反败为胜的奇迹,即便只剩下几秒钟,他仍然能够心态平和、不急不躁的投入一个漂亮的三分射篮,为自己的球队赢得最后的胜利。

七、"发明大王"爱迪生的秘诀

19世纪被誉为科学的世纪,也是以科学的技术化和社会化为突出特征的世纪。科学在这个世纪开始成为社会生活的一个重要组成部分。风起云涌的伟大创新转变成为技术科学的巨大威力。这个世纪的一些科技巨匠继续活跃于20世纪。托马斯·阿尔沃·爱迪生就是其中之一。美国《生活》周刊在1999年评出的过去1000年中

爱迪生

100位最有影响力的人物中,爱迪生名列第一。

爱迪生出身低微,生活贫困,他只上过3个月的小学,老师因为总被他古怪的问题问得张口结舌,竟然当他母亲的面说他是个傻瓜,将来不会有什么出息。母亲一气之下让他退学,由母亲亲自教育。这时,爱迪生的天资得以充分地展露。在母亲指导下,他阅读了大量的书籍,并在家中自己建了一个小实验室。为筹措实验室的必要开支,他只得外出打工,当报童、办报纸。最后用积攒的钱在火车的行李车厢建了个小实验室,继续做化学实验研究。后来,化学药品起火,几乎把这个车厢烧掉。暴怒的行李员把爱迪生的实验设备都扔下车去,还打了他几记耳光,据说爱迪生因此终生耳聋。

1862年8月,爱迪生以大无畏的英雄气魄救出了一个在火车轨道上即将遇难的男孩。孩子的父亲对此感恩戴德,但由于无钱可以酬报,愿意教他电报技术。从此,爱迪生便和这个神秘的电的新世界发生了关系,踏上了科学的征途。

1863年,爱迪生担任大干线铁路斯特拉福特枢纽站电信报务员。1868年,爱迪生以报务员的身份来到了波士顿。同年,他获得了第一项发明专利权。这是一台自动记录投票数的装置。爱迪生认为这台装置会加快国会的工作,它会受到欢迎的。然而,一位国会议员告诉他说,他们无意加快议程,有的时候慢慢地投票是出于政治上的需要。从此以后,爱迪生决定,再也不搞人们不需要的任何发明。

讲故事

1869年6月初,他来到纽约寻找工作。当他在一家经纪人办公室等候召见时,一台电报机坏了。爱迪生是那里唯一的一个能修好电报机的人,于是他谋得了一个比他预期的更好的工作。10月他与波普一起成立一个"波普—爱迪生公司",专门经营电气工程的科学仪器。在这里,他发明了"爱迪生普用印刷机"。他把这台印刷机献给华尔街一家大公司的经理,本想索价5000美元,但又缺乏勇气说出口来。于是他让经理给个价钱,经理给了4万美元。

爱迪生用这笔钱在新泽西州纽瓦克市的沃德街建了一座工厂,专门制造各种电气机械。他通宵达旦地工作。他培养出许多能干的助手,同时,也巧遇了勤快的玛丽,他未来的第一个新娘。在纽瓦克,他发明了蜡纸、油印机等。从1872到1875年,爱迪生先后发明了二重、四重电报机,还协助别人制造了世界上第一架英文打字机。

1876年春天,爱迪生又一次迁居,这次他迁到了新泽西州的门罗公园。他在这里建造了第一所"发明工厂",标志着集体研究的开端。1877年,爱迪生改进了早期由贝尔发明的电话,并使之得到了应用。他最心爱的一项发明是留声机。电话和电报是扩展人类感官功能的一次革命;留声机是改变人们生活的三大发明之一。从发明的想象力来看,这是他极为重大的发明成就。到这个时候,人们称他为"门罗公园的魔术师"。

爱迪生在发明留声机的同时,经历无数次失败后终于对电灯的研究取得了突破。1879年10月22日,爱迪生点燃了第一盏真正有广泛实用价值的电灯。为了延长灯丝的寿命,他又重新试验,大约试用了6000多种纤维材料,才找到了新的发光体——日本竹丝,可持续1000多小时,达到了耐用的目的。从某一方面来说,这一发明是爱迪生一生发明的顶峰。接着,他又创造一种供电系统,使远处的灯具能从中心发电站配电,这是一项重大的工艺成就。

他在纯科学上的第一个发现出现于1883年。试验电灯时,他观察到他称之为爱迪生效应的现象:在点亮的灯泡内有电荷从热灯丝经过空间到达冷板。爱迪生在1884年申请了这项发明专利,但并未进一步研究。而一旁的科学家利用爱迪生效应发展了电子工业,尤其是无线电和电视。

爱迪生又期盼为眼睛做出点事,电影摄影机随即产生。使用一条乔治伊斯曼新发明的赛璐珞胶片,他拍下一系列照片,将它们迅速地、连续地放映到幕布上,产生出运动的幻觉。他第一次在实验室里放映电影是在1889年,1891年申请了专利。1903年,他的公司摄制了第一部故事片《列车抢劫》。爱迪生为电影业的组建和标准化做了大量工作。

1887年爱迪生把他的实验室迁往西奥兰治以后,为了他的多种发明制成产品和推销,他创办了许多商业性公司,这些公司后来合并为"爱迪生通用电气公司",后又称为"通用电气公司"。此后,他的兴趣又转到荧光学、矿石捣碎机、铁的磁离法、蓄电池和铁路信号装置上。第一次世界大战期间,他研制出鱼雷机械装置、喷火器和水底潜望镜。

爱迪生一生以罕见的热情及惊人的精力,完成了2000多项发明,其中申请专利登记的达1328项。人们颂扬他:"他虽不发明历史,却为历史锦上添花。"1931年10月18日清晨3时24分,爱迪生带着宽慰的微笑,闭目辞世,享年84岁。临终时他坦然地说:"我为人类的幸福,已经尽力了;没有什么可遗憾的了。"

举行葬礼的那天,全美国熄灭电灯一分钟,以示哀悼。这是人们表达对爱迪生无限怀念之情的最隆重的方式,也是人们献给这位伟大发明家的一曲无言的赞歌。

【讲读提示】

1. 爱迪生说:"我的人生哲学是工作,我要揭示大自然的奥秘,并以此为人类造福。我们在世的短暂一生中,我不知道还有什么比这种服务更好的了。"

2. 有人问"发明大王"爱迪生成功的秘诀,他答道:"天才是百分之一的灵感,加上百分之九十九的汗水!"有人问77岁的爱迪生什么时候退休,他说:"在出殡以前的那天。"

八、孔融让梨

孔融,字文举,东汉时期山东曲阜人,是孔子的第20世孙,他是泰山都尉孔宙的第二个儿子。

孔融小时候聪明好学,才思敏捷,巧言妙答,大家都夸他是神童。4岁时,他就能背诵许多诗词,并且还懂得礼节,父母亲非常喜爱他。

一天,父亲的朋友带了一筐梨子,给孔融兄弟们吃。父亲叫孔融分梨,孔融挑了个最小的梨子,其余按照长幼顺序分给兄弟。孔融说:"我年纪小,应该吃小的梨,大梨该给哥哥们。"父亲听后十分惊喜,又问:"那弟弟也比你小啊?"孔融说:"因为弟弟比我小,所以我也应该让着他。"孔融让梨的故事,很快传遍了汉朝。小孔融也成了许多父母教育子女的好榜样。

孔融让梨

讲故事

【讲读提示】

1. 这个故事告诉人们，凡事应该懂得谦让的礼仪。这些都是年幼时就应该知道的道德常识。古人对道德常识非常重视。道德常识是启蒙教育的基本内容，融入日常生活、学习的方方面面。

2. 这个故事并不是叫我们让一个梨，而是教我们怎样做人。我们应该学会谦让，要多关心别人，不要光想着自己。我们要做一个像孔融一样有谦让精神的人，有爱心的人。

九、陶行知四块糖的故事

一天，陶行知在校园里看到学生王友用泥巴砸自己班上的男同学，陶行知立即制止了他，并让他放学后到校长室去。

放学后，王友早早地来到校长室门口准备挨训。这时，陶行知走过来了。他一看到王友，就掏出一块糖果递给他，说："这是奖给你的，因为你按时来了，而我却迟到了。"

王友惊愕地接过糖果，目不转睛地看着陶行知。这时，陶行知又掏出一颗糖果递给王友，说："这块糖果也是奖给你的，因为当我不让你再打人的时候，你立即就住手了，这说明你很尊重我，我应该奖励你。"

王友更惊愕了，他不知道校长到底想干什么。

这时，陶行知又掏出一块糖果放到王友的手里说："我已经调查过了，你用泥块砸那些男生，是因为他们不守游戏规则，欺负女生。你砸他们证明你很正直善良，并且有跟坏人做斗争的勇气，应该奖励。"

陶行知

王友听了非常感动，他失声叫了起来："校长，你打我吧，我砸的不是坏人，而是自己的同学呀！"

陶行知满意地笑了，又掏出一块糖果递给王友，说："你能正确地认识错误，这块糖果值得奖励给你。现在我已经没有糖了，你也可以回去了。"

【讲读提示】

1. 这个故事，包含着很高的教育艺术，它告诉我们，批评学生重要的是唤醒学生的良知，启发学生的觉悟，让学生从心灵深处产生改正缺点和错误的愿望。这需要教师要善于发现学生的闪光点，要在赏识学生的基础上批评学生，教育学生。具体而言，一是要求教师在批评学生时，要肯定学生平时的优点，不能因为一次犯错就把学生看成一无是处;二是要善于寻找学生出错中的积极因素,对那些因为"好心办错事"的错误,应该肯定其正确的出发点和目的,恰当地指导学生采用正确的方式和方法;第三,对学生勇于认识错误的做法要适时加以肯定,让学生感受到虽然自己犯了错误,但老师仍然信任自己,尊重自己。

2. 教师的批评教育只有得到学生的认同,才能起到应有的作用。面对一个学生,教师是戴着放大镜去看优点,还是戴着显微镜去找缺点,学生的命运迥然不同。对待犯了错误的学生,只要我们诚心地帮助,耐心地开导,像对待自己的孩子一样不嫌弃他,不鄙视他,学生自然就会改正错误,健康成长。

3. 讲述陶行知的对话时要舒缓、沉着、稳重,透着慈祥和蔼的爱意。

十、卢梭的忏悔

卢梭是法国著名的革命家、哲学家。他小时候做过一件诬陷人的丑事,令他终生懊悔难过。

为了生存,小卢梭在他人的介绍下,到了一户有钱的人家里打工。一天,这户有钱人家的女主人去世了,家里非常混乱。小卢梭因为好玩,便趁机偷偷地拿了这家小姐的一条绣带。可是,不久就被人发现了。老管家把卢梭叫到跟前,拿着那条绣带问卢梭:"这条绣带是哪里来的?"

卢梭当时非常紧张,支支吾吾半天,才说:"是马里翁送给我的。"

马里翁是这户人家的厨娘,比卢梭大几岁,不但长得漂亮,而且乖巧、谦虚、诚实,大家都很喜欢她。卢梭说是马里翁偷了绣带,大家都不相信。

卢 梭

于是,管家又把马里翁叫来,让她和卢梭当面对证。卢梭由于做贼心虚,首先指着马里翁大声地说:"就是她!就是她把那个东西送给我的。"马里翁吃惊地瞪大眼睛看着卢梭,好半天才说:"不是的,管家,我根本不知道这件事,我也没见过这条绣带。"卢梭仍然坚持说:"你撒谎!就是你送给我的。"

马里翁用失望的眼神看着卢梭,说:"卢梭,求你说实话,可不要因为一条绣带断送了我的前途啊!"

卢梭虽然知道这样诬蔑好人是不对的,可是又不好反悔,只好继续很无耻地指控那位姑娘。

马里翁很气愤地对卢梭说:"卢梭,我以为你是个好人,原来你是爱撒谎的坏孩子。我算是看错你了。"

> 讲故事

由于卢梭和马里翁都不承认自己偷拿了绣带,管家只好把两个人都辞退了,并且说:"撒谎者会受到良心谴责的。良心会为无辜的人找回公道的。"

果然,老管家的预言没有落空。从此以后,卢梭便会时常想起那双无辜而善良的眼睛,想到由于自己的不诚实,而使得马里翁丢掉了工作,想到马里翁丢掉了工作以后的悲惨处境……每每想起这些,卢梭心里就像有千万条小虫子在撕咬着、撕咬着……

40年后,卢梭把这件事写到他的名著《忏悔录》里,以此来警醒人们:一定要说实话,不要随便诬陷好人,否则,你将永远为自己的罪行忏悔,遭受良心的谴责。

【讲读提示】

1. 这里讲的是卢梭《忏悔录》其中一篇的内容,说明卢梭对自己早年所犯错误的忏悔,体现了他对错误的认识,并想以此来唤醒世人的良知。

2. 每个人的成长道路上都会犯错误,只要能够正确地对待自己的错误,知错就改,就能体验到成长的快乐;同时,我们还要拥有一颗宽容的心,正确地对待他人的错误。

3. 人非圣贤,孰能无过?过而改之,善莫大焉。

4. 讲述卢梭和马里翁的对话时,要很好地表现出卢梭的无赖和马里翁的无辜又无奈。

十一、诚实的华盛顿

在1760年,北美洲是英国的殖民地。有一个7岁的孩子,长大想当一名军人,打算自己做一把木枪。他拿着一把锋利的斧子,在庄园里转来转去。忽然,他发现一块空地边上,有棵青翠挺拔的小树,不高不矮,树干正好可以用来做一把木枪。于是,他就叮叮当当干起来,不大工夫,就砍倒了小树,削去枝蔓,准备第二天接着做。

傍晚,他听见爸爸在院子里发脾气:"是谁把我最心爱的那棵樱桃树给砍啦?"他从楼上看见爸爸周围有许多人,他们都说不知道谁干的。原来,这棵樱桃树是他出生的时候,爸爸为做纪念特意为他栽的,还告诉过他。他只顾做木枪,却把这事儿给忘了。现在闯了祸,该怎么办?

华盛顿

他想起春天同爸爸的一次谈话。他说:"我长大了,要当一名勇敢的军人。"爸爸高兴地问:"好孩子,你说说,怎样才能成为勇敢的军人?"他想到爸爸平时的要求,就说:"应当诚实,对吗?""对,只有诚实,才能互相信任,才能团结一致战胜敌人,成为勇敢的军人。"想到这里,他鼓足勇气跑下楼去。

爸爸的火气越来越大,手里的皮鞭嘎嘎响,他跑过去,垂下头,轻声说:"爸爸,是我砍的!""你闯了祸,没想到要挨揍吗?"爸爸把皮鞭举起来,大声呵斥道。

他勇敢地回答:"爸爸,您告诉过我,要当一名勇敢的军人,首先必须诚实,是吗?现在,我就是按您的要求做的,我做了错事,请您处罚。"

爸爸丢掉皮鞭弯下身来,一把抱住他说:"你承认了错误,爸爸原谅你。承认错误是英雄行为,我很高兴,因为它比一千棵樱桃树还要珍贵。"

这个孩子的名字叫华盛顿,他长大以后,为争取国家独立,率领起义军队,经过8年的艰苦战斗,打败了英国殖民军,取得了美国的完全独立,并当选为美国的第一任总统。

【讲读提示】

1. 华盛顿小时候是个诚实的孩子。在生活中,不诚实的人有很多。通常自己犯了错误没有勇气去承认,面对错误都有一种胆怯心理,总觉得承认后会挨骂、挨打,或者有人会看不起自己,就撒个谎。其实犯了错不承认,就等于错上加错,比做错了事更加严重。做错了事只要改正就好,但如果做错了事用撒谎的方式去隐瞒,那就等于告诉自己:做错了事不要紧,可以用撒谎去隐瞒。那么从此以后,就会养成撒谎的习惯。

2. 没有诚信的人不会有真正的朋友,也不会受到别人的尊敬。恪守诚信的人有良好的品质,人人都会接纳他,愿意和他交往。所以,诚信是人际交往中的通行证,诚信是赢得朋友和赢得尊敬的前提,诚信是为人处世的第一原则。

十二、全心作画得以成功的达·芬奇

1452年,达·芬奇出生在意大利佛罗伦萨附近的芬奇镇。他的父亲是一名律师,名叫比埃罗。小时候,他的家里还比较富裕。母亲是一位贫苦的农妇,名叫特丽娜。达·芬奇出生后不久,父母离婚,母亲离开了他,他是在父亲的抚育下成长起来的。

儿童时代的达·芬奇,喜欢大自然的景色,经常攀登悬崖,并且对画画很有兴趣。有时,他独自一人坐在草丛中,用心地观看五彩缤纷的花草树木,饶有兴趣地描绘着那些花瓣和树叶的形状。他喜欢钻山洞,进去探索里边的秘密。他每次从山洞走出来时,身上弄得脏乎乎的,总要捉几个小动物出来,带回家里,仔细地观看,并且按照小动物的样子进行描绘。开始画得有些四不像,但是,时间久了,他画的那些东西渐渐

蒙娜丽莎　达·芬奇作品

讲故事

有了画意,镇上的人们都称他小画家。

有一天,邻近村上一位农民拿着一块木板,来到镇上,交给了比埃罗,说:"请你家的小画家在上面画些东西。"比埃罗当即答应了,但不知是什么原因没有告诉儿子。过了几天,达·芬奇发现家里有一块木板,就将它刨平,用锯锯成一个盾牌。盾牌做成之后,他看到上面什么也没有,不大好看,便想在上面画点画。画什么呢?他想来想去,就将自己最熟悉的小动物画了上去。画成后,他拿去给父亲看。父亲看到上面画的有蛇、蝙蝠、蝴蝶、蚱蜢,还有一些叫不出名字来的小东西。不仅数量多,而且结构合理,形象逼真。比埃罗高兴极了,心想孩子是不是真的有画画的天赋,他决心支持孩子去学习艺术,把孩子培养成为一名画家。

比埃罗十分重视名师的指导作用。为了使孩子取得名师的指导,1466 年,他同儿子一起来到了佛罗伦萨。弗罗基奥是当地一位颇有名气的画家和雕刻家。比埃罗带着儿子找到了弗罗基奥,向他说明了来意,并将达·芬奇的简单情况做了一番介绍。弗罗基奥看达·芬奇既有画画的才能,又有学画的决心,就答应收下这个小徒弟。达·芬奇高兴极了。从此,他在画家弗罗基奥的具体指导下,在画师的画室里学习画画。

跟着弗罗基奥学绘画,第一课便是画蛋。老师拿来一个鸡蛋,往桌子上一放,吩咐他照着画,然后便去做自己的事了。刚开始,达·芬奇还挺听话,照着鸡蛋认真地画,可没过多久,达·芬奇就不耐烦了,他对老师说:"老师,为什么总要我画蛋啊?到底什么时候才能画完呢?"老师严肃地对他说:"要做一个伟大的画家,就要有扎实的基本功。画蛋就是锻炼你的基本功啊。你看,1000 个蛋中没有两个蛋是完全一样的。同一个蛋,从不同的角度看,它的形态也不一样。通过画蛋,你就能提高你的观察能力,就能发现每个蛋之间的微小的差别,就能锻炼你的手眼的协调,做到得心应手。"

听了老师的话,达·芬奇低下了头,他知道自己错了。从那以后,他再没有急着要画别的东西。他全神贯注地,日复一日地去观察桌子上那个平平凡凡的鸡蛋,从前面、后面、左面、右面等不同的方向去观察。日子一天天过去,达·芬奇的画本上画满了大大小小的,形状不同的圆圈圈。老师对他的刻苦钻研精神很满意,对他赞不绝口。达·芬奇画鸡蛋用的草纸,已经堆得老高了。

有了坚实的基础,达·芬奇的绘画水平也如虎添翼。一次,老师让达·芬奇在自己的作品上画一个天使。达·芬奇拿起笔来就画,只三笔两笔,一个可爱的小天使就跃然纸上了。看着学生有如此好的技艺,弗罗基奥笑了。

经过长期艰苦的艺术实践,达·芬奇终于创作出《最后的晚餐》《蒙娜丽莎》等许多名画,成为一代宗师。

【讲读提示】

1.熟能生巧,无论你从事什么工作,在最初阶段,都要耐心地不断探索。也许有很多时候,你会在一遍遍的重复中感到枯燥乃至厌倦。但是只有这样,你才能真正做到熟能生巧。

2.达·芬奇之所以伟大,就是因为他从不忽略任何一个细节。他不停地练习最简单的技巧,直到熟练掌握。他不仅一眼就能找出相似事物之间的细微差别,而且还能用笔准确地画出来。

十三、六尺巷的故事

桐城有许多的风景名胜,有文庙、孔城老街、西郊公园、嬉子湖……但最有名的是六尺巷。

六尺巷

六尺巷坐落在西后街,穿过一条长长的胡同就到了六尺巷,巷口立着一座用大理石做成的高大牌坊,上面刻着四个大字"懿德流芳",正对面是刻有六尺巷故事绘画的壁照,另一边则是"六尺巷"记,旁边还有一块大石头,上面刻着那首著名的诗。

相传康熙年间,大学士张英收到一封家信,家人为了宅基地的事与邻居发生纠纷,要他用职权打赢官司。张英看后回了一封信,并附诗一首:"一纸书来只为墙,让他三尺又何妨;长城万里今犹在,不见当年秦始皇。"家人看信后,将墙退后三尺,邻居得知后,很感动,也向后退了三尺,就形成了六尺巷。

六尺巷的故事被老百姓传为佳话,为后人做出了谦逊礼让的好榜样。

【讲读提示】

1.俗语说得好:"让人不为痴。"中华民族自古以来就是礼仪之邦。我们要做一个文明人,就要知礼、懂礼、讲礼,而礼让是礼仪的一个重要方面。

2.不仅邻里、同事、同学之间要讲礼让,即使是路人也要讲礼让。互相礼让的世界才和谐。

第八章 益智故事

一、晏子使楚

　　晏子被齐王派遣出使到楚国。楚人知道晏子身材矮小,在大门的旁边开一个小洞请晏子进去。晏子不进去,说:"出使到狗国的人才从狗洞进去,今天我出使到楚国来,不应该从这个洞进去。"迎接宾客的人只好带晏子改从大门进去。

　　晏子拜见楚王。楚王说:"齐国没有人可派吗?竟然派您做使臣。"晏子严肃地回答说:"齐国的都城临淄有7500户人家,人们一起张开袖子,天就阴暗下来;一起挥洒汗水,就会汇成大雨;街上行人肩膀靠着肩膀,脚尖碰脚后跟,怎么能说没有人才呢?"楚王说:"既然这样,那么为什么会打发你来呢?"晏子回答说:"齐国派遣使臣,要根据不同的对象,贤能的人被派遣出使到贤能的国王那里去,不肖的人被派遣出使到不肖的国王那里去。我晏子是最不肖的人,所以只好被派到楚国来了。"

晏子使楚　申同景、郭付贵绘

　　晏子又将出使楚国。楚王听到这个消息,便对侍臣说:"晏婴,是齐国善于辞令的人,他来后,我想羞辱他,用什么办法呢?"侍臣回答说:"在他来到的时候,请允许我们捆绑一个人,从大王面前走过。大王就问:'这人是干什么的?'我们就回答说:'是齐国人。'大王又问:'犯了什么罪?'我们就回答说:'犯了偷窃的罪。'"

　　晏子到了,楚王赏赐晏子喝酒。当酒喝得正高兴的时候,两个官吏绑着一个人从楚王面前走过。楚王问道:"绑着的人是干什么的?"官吏回答说:"是齐国人,犯了偷窃罪。"楚王瞟着晏子说:"齐国人都善于偷窃吗?"晏子离开座位,回答说:"我听说这样的一件事,橘子长在淮河以南结出的果实就是橘,长在淮河以北就是酸枳,橘和枳只是叶子的形状相似,果实味道却完全不同。这是什么原因呢?原来是水土不同。现在百姓生活在齐国不偷盗,来到楚国就偷盗,难道楚国的水土会使人民善盗吗?"楚王笑着说:"圣人不是能同他开玩笑的,我反而是自讨没趣了。"

【讲读提示】

1. 晏婴头脑机灵,能言善辩,内辅国政,屡谏齐王。对外他既富有灵活性,又坚持原则性,出使不受辱,捍卫了齐国的国格和国威。

2. 遇到那些傲慢无礼的人,不要姑息迁就,应该运用智慧心平气和地对他们还以颜色。

二、曹冲称象

曹冲自小生性聪慧,五六岁的时候,智力就和成人相仿。有一次,东吴的孙权送给曹操一只大象,曹操带领文武百官和小儿子曹冲,一同去看。曹操的人都没有见过大象。这大象又高又大,光腿就有大殿的柱子那么粗,人走近去比一比,还够不到它的肚子。

曹冲称象　杨永青绘

曹操对大家说:"这只大象真是大,可是到底有多重呢? 你们哪个有办法称它一称?"嘿! 这么大个家伙,可怎么称呢! 大臣们纷纷议论开了。

一个说:"只有造一杆顶大顶大的秤来称。"

另一个说:"这可要造多大的一杆秤呀! 再说,大象是活的,也没办法称呀! 我看只有把它宰了,切成块儿称。"

他的话刚说完,所有的人都哈哈大笑起来。大家说:'你这个办法呀,真叫笨极啦! 为了称称重量,就把大象活活地宰了,不可惜吗?"

大臣们想了许多办法,一个个都行不通。这真叫人为难了。

这时,从人群里走出一个小孩,对曹操说:"父亲,孩儿有个办法,可以称大象。"曹操一看,正是他最疼爱的小儿子曹冲,就笑着说:"你小小年纪,有什么法子? 你倒是说说,看有没有道理。"

【讲故事】

曹冲把办法说了。曹操一听连连叫好，吩咐左右立刻准备称象，然后对大臣们说："走！咱们到河边看称象去！"

众大臣跟随曹操来到河边。河里停着一只大船，曹冲叫人把象牵到船上，等船身稳定了，在船舷上齐水面的地方，刻了一条痕迹。再叫人把象牵到岸上来，把大大小小的石头，一块一块地往船上装，船身就一点儿一点儿往下沉。等船身沉到刚才刻的那条道道和水面一样齐了，曹冲就叫人停止装石头。

大臣们睁大了眼睛，起先还摸不清是怎么回事，看到这里不由得连声称赞："好办法！好办法！"现在谁都明白，只要把船里的石头都称一下，把重量加起来，就知道大象有多重了。

曹操自然更加高兴了。他眯起眼睛看着儿子，又得意扬扬地望望大臣们，好像心里在说："你们还不如我的这个小儿子聪明呢！"

【讲读提示】

1.细心观察微小事物，善于分析思考，就能发现深奥的科学奥秘，或者能在一些看来很平凡的科学领域做出重大的突破。

2.有些问题若是直接思考如何解决会很困难，这时就要运用逆向思维。

三、司马光砸缸

有一次，司马光跟小伙伴们在后院里玩耍。院子里有一口大水缸，有个小孩爬到缸沿上玩，一不小心，掉到缸里。缸大水深，眼看那孩子快要没顶了。别的孩子们一见出了事，吓得边哭边喊，跑到外面向大人求救。司马光却急中生智，沉着冷静地从地上捡起一块大石头，使劲向水缸砸去，"砰！"水缸破了，缸里的水流了出来，被淹在水里的小孩也得救了。

司马光砸缸　　杨永青绘

【讲读提示】

1.朋友之间要互相扶危济困，但是光有救助朋友的意愿是远远不够的，还要有谋略。

2. 危急时刻,光有意愿还不够,还得有勇气、有谋略。勇敢会让人伸出援手,并且在瞬间激发出巨大的潜能,甚至突破自身的极限。

四、螳螂捕蝉,黄雀在后

春秋时期,各诸侯国之间经常进行兼并战争。有一次,吴王准备进攻楚国。他召集群臣,宣布了准备攻打楚国的决定。大臣们一听这个消息,就低声议论起来,因为大家都知道吴国目前的实力还不够雄厚,应该养精蓄锐,先使国富民强,之后才能做别的打算。

吴王听到大臣们在底下窃窃私语,似有异议,便厉声制止道:"你们不要议论了,我决心已定,谁也别想动摇我!倘若有谁执意要阻止我,我决不轻饶!"

螳螂捕蝉,黄雀在后
摘自苏教版六年级语文课文

众大臣面面相觑,谁也不敢乱说一句。当时朝堂上有一位正直的年轻侍从,退朝后心中仍旧无法安宁,他觉得吴王这样做实在是太草率了,但是又不知道怎样才能说服吴王,使其放弃攻打楚国的想法。于是这个侍从在吴王的后花园内踱来踱去地想办法,就在此时,他的目光无意中落到了树上一只蝉的身上,他立刻就有了主意。

第二天天刚亮,这个青年侍从又来到了吴王休息的后花园,他手拿一把弹弓,在树底下转来转去。第三天早晨他又来到树下转悠,第四天、第五天早晨也是这样转来转去的。有人觉得他的行为很奇怪,就把这事告诉了吴王。

第六天早晨,青年侍从又来了,吴王也来了,便问他:"你一连几天早晨来这花园里干什么?瞧你的衣服都被露水浸湿了,你到底要做什么呢?"这个青年侍从手拿弹弓,对吴王轻声说道:"大王,您小声一点。您向树上看,那里有一只蝉只顾着在那里高兴地吸露水,却没有觉察到有一只螳螂躲在它身后,弯着前肢,想要捕捉它呢!"

吴王笑着说:"螳螂捕蝉,这有什么好稀奇的。"青年侍从说:"大王您再看,螳螂一心想捕蝉,但它不知道,还有一只黄雀在它身后,正伸长脖子,瞪着眼睛,想啄它呢。"

吴王说:"这又说明什么呢?"

青年侍从将手中的弹弓搭上泥丸对准黄雀,然后说:"那只黄雀只顾着看着螳螂,却不知道我的弹弓已经对准它了。蝉、螳螂、黄雀都只看到自己眼前的利益,却没有想到自己身后的危险啊!"

吴王听到这里,猛然醒悟了,他明白了青年侍从的用意,取消了攻打楚国的计划。

【讲读提示】

1. 螳螂捕蝉,黄雀在后:螳螂想捕捉蝉,却不知黄雀正在等待时机从后面袭击。比喻不知潜在危险,目光短浅,没有远见。这个故事讽刺了那些只顾眼前利益、不顾身后祸患的人。

2. 我们考虑问题,处理事情时,要通盘谋划,不能顾此失彼;要近忧远虑,居安思危。

3. 任何事情都有两面性,有利就有弊,有得就有失。在生活中不要见了利益就忘记了危害。

五、伤仲永

抚州金溪地方有一户方姓人家,祖祖辈辈都是农民,一家人加起来也不认识几个斗大的字,后来他们生了个小孩,名叫方仲永。

到方仲永五岁那年,忽然哭着闹着要笔墨纸砚。他的父亲感到很奇怪,就到附近读书人家去借来一套。

仲永趴在饭桌上,铺开大纸,挥笔写下了四句诗,还在下面署上了自己的名字。诗的大意是孝养父母和维护宗族。一家人看得目瞪口呆,连忙请来一个乡下秀才。

秀才将信将疑,又随便指着屋里一件东西,叫仲永当场赋诗。仲永歪着小脑袋想了想,便饱蘸浓墨,挥手立就,而且诗句贴切,文气畅通。

这一来,神童的名声便在四乡播扬开来。乡里人都想见识一下神童,于是他家经常是车马盈门。有些富豪人家重金迎请,让他当堂赋诗。他的父亲见有利可图,就成天带着仲永走乡串寨,到处表演,没有让他再去读书。

王安石在京城做官,很早就听说了仲永的名声。

有一年,他回到娘舅家,看见仲永已经有十二三岁了。王安石很感兴趣,便叫他即景赋诗。仲永搔了许久脑勺,才勉强写出一首,与从前相比,显然逊色了不少。

又过了七八年,王安石再次回到娘舅家,顺便问到仲永,娘舅对他说仲永已经不会作诗了,而且现在也不作了。王安石听到后,替仲永感到很惋惜。

【讲读提示】

1. 方仲永这个神童因父亲不让他学习和被父亲当作挣钱工具而沦落到一个普通人,告诫人们决不可单纯依靠天资而不去学习新知识,必须注重后天的教育和学习,强调了后天教育对成才的重要性。

2. 天赋出众固然好,但更重要的是后天的加倍努力学习。如果没有后天的培养和本人的艰苦努力,即便有天赋也是不能成才的。

六、米老鼠的由来

1922年,当沃尔特·迪士尼21岁的时候,他曾在堪萨斯市成立过一家"欢笑卡通公司",那真是一段十分艰苦的时期。在堪萨斯市一间破烂不堪的屋子里,沃尔特在画板上描绘他漫画家的梦。

有一天,当沃尔特辛苦伏案画画的时候,有一只小老鼠瑟瑟缩缩地爬到桌子上偷食面包屑。当小老鼠发现沃尔特并没有赶它走或置它于死地,就大胆地与他逗乐,甚至淘气地爬上他的书桌,仿佛在看他画画似的。

在寂寞和苦闷中,这一大一小的生灵建立起了深厚的友谊。在短短的两个月时间里,那只小老鼠成为沃尔特忠实的小朋友。它虽然淘气,却也很温驯,更

米老鼠卡通形象

会撒娇,有时甚至蜷伏在沃尔特的手掌心里睡大觉。沃尔特很喜欢看着它,研究它的每一个动作,甚至还会对着镜子又皱鼻子、又努嘴巴,学着小老鼠一大堆可爱的小动作。

当欢笑卡通公司要关门的时候,沃尔特需要认真考虑小老鼠的"出路"问题。他打定主意,一定要让小老鼠离开这里。就在公司关门的当天晚上,沃尔特把小老鼠带到附近的树林里,放走了它,并在心里对小老鼠默默地道了别。

但6年来,小老鼠可爱的形象一直活在沃尔特的心里。也许是人类尔虞我诈的事情太多了,沃尔特倒更喜欢小动物的那种坦诚和无欺。就在沃尔特计划要制作一部新的卡通片,计划要塑造一个新的角色时,那只令他念念不忘的小老鼠就突然从他的脑海里蹦了出来。

沃尔特先画了几张老鼠的草图,拿给奥比看。奥比一看就乐了,这只老鼠太像沃尔特了:它的鼻子、面孔、胡须、走路的姿势和表情,都好像有沃尔特的影子,现在就缺沃尔特的声音啦! 这张画是沃尔特以自己的脸为模特,是沃尔特面孔的写照。沃尔特本来打算给小老鼠取名叫莫蒂默,但是,奥比嫌莫蒂默这个名字女人味儿太足了,而且也不够响亮。莉莲的看法与奥比一样,她说不如叫米奇更好。奥比认为,米奇这个名字起得很棒。这样,小老鼠就有了米奇这个名字。在我国,小朋友所熟悉的"米老鼠"这三个字,其实就是从"米奇老鼠"简化而来;"米奇老鼠"按照英文的用法,就是"一只名叫米奇的老鼠"的意思。

当沃尔特看到要把奥斯卡夺回来是多么轻而易举时,他露出了笑容。此时,沃尔特·迪士尼已经领悟到了电影业的经营方式。

接下来,沃尔特和伙伴们便要设计米老鼠的个性。经过反复的讨论和推敲,原本只是"平面"的米老鼠,在有了个性之后,渐渐"立体"起来。沃尔特和伙伴们希望米老

> **讲故事**

　　鼠是一个温柔可亲、善解人意，但也有些急躁粗心的小家伙；他很有正义感，喜欢打抱不平，常常不自量力，使自己身陷险境；他颇有些机智，也很勇敢，所以最后总能化险为夷；他还有淘气的一面，常常喜欢恶作剧，开一些无伤大雅的小玩笑。

　　米老鼠是沃尔特和奥比密切合作的结果：沃尔特想象出米老鼠极具趣味的特性并创造出他的声音，而奥比则描绘出它的具体动作和形态。

　　接着，沃尔特和奥比讨论怎样把这个新角色推向公众。恰好，当时美国飞行员查尔斯·林德伯格首次单人驾驶单翼飞机，成功地从美国飞越大西洋，直达法国的巴黎，成为新一代美国人心目中最了不起的冒险家。直到1928年3月，报纸上都还经常可以看得见有关林德伯格或有关飞行、飞机、冒险等相关题材连篇累牍的报道，公众更是依然把他视为民族英雄。沃尔特说，这个社会热点我们必须抓住，就让米老鼠开飞机吧，我想观众会喜欢的。他们约定，由沃尔特编写剧本，奥比制作。于是，沃尔特根据林德伯格的事迹，构思了一个简单、有趣的故事。这就是《米老鼠系列影片》第一部——《疯狂的飞机》。从此，米老鼠从美国走向全球，魅力至今不衰。毫不夸张地说，它已是风靡全球、最受欢迎的卡通形象了，有人甚至称它为"魔幻之影"。

【讲读提示】

　　1. 迪士尼是一位富有创造性的天才，他为全世界的人带来了欢乐，迪士尼在医治、安慰人类心灵方面所做的贡献，也许比世界上任何一位心理医生都要大。

　　2. 创新是国家发展的本源。我们应该从米老鼠的诞生和迪士尼世界的强大获得启发，多多创造中华民族的精品。

　　3. 米老鼠是上帝赐给沃尔特·迪士尼的，但是上帝给谁的都不会多也不会少。